歴博フォーラム

縄文時代のはじまり
― 愛媛県上黒岩遺跡の研究成果 ―

六一書房

縄文時代のはじまりを探る

小　林　謙　一

　本書は、2007年1月20日に国立歴史民俗博物館講堂において開催した第58回歴博フォーラム「縄文時代のはじまり―愛媛県上黒岩遺跡の研究成果―」の記録である。このフォーラムは、縄文時代草創期から早期前半にかけての岩陰遺跡として、学史上著名な上黒岩遺跡を題材に、中部ヨーロッパ・西アジアとの比較を含めて日本列島における縄文時代成立期の諸問題について扱った専門性の高い内容であったが、多くの一般聴衆の積極的な参加を得ることができた。

　このフォーラムの基盤となったのは、2004〜2006年度の国立歴史民俗博物館個別共同研究「愛媛県上黒岩遺跡の研究」（研究代表　春成秀爾）である。上黒岩遺跡は、愛媛県久万高原町（旧美川村）で、1961年に発見され、西田栄・岡本健児・江坂輝彌氏らによる5次にわたる調査で、縄文草創期の豊富な土器や石器とともに他に例のない線刻礫（石偶）や骨・貝製の装飾品が出土するなど発掘当初から注目を集めていた。このときの出土品の一部が、国立歴史民俗博物館開設時に文化庁から移管され、館蔵となっていたことから、報告書が未刊行であった上黒岩遺跡の再整理をおこない、改めて遺跡や出土物の位置づけを総合的に検討することを目的とした共同研究をスタートさせた次第である。出土資料は地元の久万高原町（共同研究開始時は美川村）、愛媛県歴史文化博物館、慶應義塾大学民族学考古学研究室に分かれて保管・管理されており、各機関の協力を得て、遺物の再整理と調査状況の整理、遺跡の現状調査や周辺環境調査をおこなってきた。たとえば、層序については、調査地点によって異なる層位名がⅠ〜Ⅸ層などとして付されていたが、図面や日誌を整理し、1〜9層に統一した。本書ではとくに断らない限り、整理し

た1〜9層を用いて議論している。

　共同研究による成果を基に、縄文草創期・早期の考古学研究の最新状況を、館外の研究者を含む共同研究メンバーを中心に、フォーラムとして一般に公開することを目指したのである。国立歴史民俗博物館共同研究成果の公開という目的については、同時期開催の歴博プロムナード「縄文時代のはじまり─愛媛県上黒岩遺跡の研究成果─」という小展示（2007年1月17日〜2月25日）や、総合誌『歴博』No.139号（2006年11月刊行）において「特集　土器の始まりのころ」として上黒岩遺跡の研究を中心とした特集号を刊行するなど、いくつかの側面から実施された。

　歴博プロムナードでは、愛媛県久万高原町教育委員会・慶應義塾大学・愛媛県教育委員会・遺跡の地主で発見者の竹口渉氏から研究のため借用した出土品と、本館所蔵の資料を一堂に展示したほか、現地測量調査、遺物のレプリカ法観察結果、年代測定の研究成果をパネル等で示した。愛媛新聞社の協力を得て、調査当時の記事をパネルにしたほか、愛媛県歴史文化博物館収蔵の写真記録を展示した。同時に比較対象として神奈川県藤沢市にある慶應義塾大学の湘南藤沢キャンパス内（SFC）遺跡の出土品を展示し、縄文草創期文化の広がりにも理解を深めた。

　縄文時代草創期から早期にかけての土器、石器、装飾品、動物遺体、人骨、遺跡立地さらには年代測定などの自然科学的研究の成果については、もとより本書に示された内容は結論ではなく、中間的な報告である。最終的な調査成果は、平成20年度を目標に作成中の『国立歴史民俗博物館研究報告』において提示したいと考えている。といってもこの記録が研究報告刊行までのつなぎでしかないということではない。むしろ、フォーラムを終えた今現在において、研究途上であるからこそ生まれたといえる多くの発想と、個別におこなってきた研究成果間の突き合わせによって生じた意外な発見への驚き、さらにはヨーロッパ・西アジアや列島内の他の洞穴遺跡との比較など、第一線の研究者たちが無尽蔵の情報を蔵した第一級の資料を前にして格闘してきた研究成果の中から発せられた生の声は、成果をまとめていくうえでのエネルギーとなっている。

また参加いただいた多くの方からの応援やご教示の声が、縄文時代の始まりの意味を探るという研究テーマの遂行に、大きな力となっているのである。こうした経緯が基となって、平成19年度から縄文時代を対象とした新規の個別共同研究の開始や、平成21年度に計画されている縄文時代の起源をテーマとした企画展など、新たな研究ステージへと止揚する契機を産みだしてもいる。本書の刊行によって、縄文時代研究さらには考古学による歴史復元への研究の進展を期していきたい。

歴博フォーラム

縄文時代のはじまり
―愛媛県上黒岩遺跡の研究成果―

……目　次……

縄文時代のはじまりを探る	…………………………………	小林謙一	（1）

基調講演

1	中部ヨーロッパにおける 　　旧石器時代から中石器時代への移行	………………	小野　昭	（9）
2	縄文時代開始期と同じ頃の西アジア 　―旧石器時代から新石器時代への移行―		西秋良宏	（20）
3	上黒岩ヴィーナスと世界のヴィーナス	………………	春成秀爾	（40）
4	岩陰・洞窟遺跡調査の意義	………………………	阿部祥人	（73）
5	隆線文土器からみた縄文時代のはじまり	………………	小林謙一	（86）
6	押型文土器にみる縄文文化成立期の様相	………………	兵頭　勲	（100）
7	有茎尖頭器にみる縄文草創期の世界	………………	綿貫俊一	（107）
8	上黒岩遺跡における生業活動	…………………………	姉崎智子	（124）
9	上黒岩遺跡の縄文早期人骨	………………	岡崎健治・中橋孝博	（134）

コラム

上黒岩遺跡の堆積と年代的考察	………………	遠部　慎・矢作健二	（149）

フォーラム

縄文時代の成り立ち …………………………………………………………… （157）
　　　　　　　　　　　　司会　永嶋正春
　　　　　　　　　　　　橋本真紀夫 / 姉崎智子 / 佐藤孝雄 / 小野　昭
　　　　　　　　　　　　西秋良宏 / 小林謙一 / 春成秀爾

あとがき
執筆者紹介

基調講演

1　中部ヨーロッパにおける旧石器時代から中石器時代への移行

小　野　　　昭

　はじめに

　本日のテーマである、愛媛県上黒岩遺跡の研究成果の報告の前に、中部ヨーロッパのお話をいたします。これは中部ヨーロッパとの比較によって日本の列島に展開した人類の地域史を少し立体的に何がしか意味あるように、あるいは相対化する意味合いを含めてのことだと受け止めております。

　かかげたタイトルの研究状況は非常に複雑なのですけれども、簡単にお話したいと思います。今回は詳しく触れませんが、いくつか大きな問題があります。どういうことかといいますと、考古学の方法は編年の研究が非常に発達しております。一方で、それを広がりに直した分布論になりますと難しい面がありまして、編年ほど研究が進んでおりません。まして、離れた地域の事例を日本の事例と比較するということに関する方法というのは、ほとんど開拓されていないのです。それでわからないことが多いわけです。あるいは、どういうことをしてはいいけれど、どういうことをしてはいけないのかという、決まりもありません。個別のことをはっきりさせればわかるという問題ではなくて、方法とか前提とか、枠組みに関連することですので、簡単にはいかない問題を抱えています。

　中部ヨーロッパの場合に、枠組みが旧石器時代と新石器時代の間に中石器時代という時代概念を入れて議論しています。ですから、こういうタイトルにしましたけれど、最後のところで、新石器時代への移行についても一言触れることにしたいと思います。

編年の枠組み

図1に示す中部ヨーロッパの①〜④は、遺跡分布の中心と調査が比較的よく進捗している地域です（Eriksen 1996）。今日は図1のなかの①と③の話をしたいと思います。大きく一まとめにしてしまって、うまく整理すればスパッといくのですけれども、やはり具体的な話になりますと地域差などが必ず出てきます。

中部ヨーロッパ全体にいえることなのですけれども、時期区分としては旧石器時代・中石器時代・新石器時代と分けております。さらに、旧石器時代のなかを細分して、後期旧石器時代の終末を晩期旧石器としている

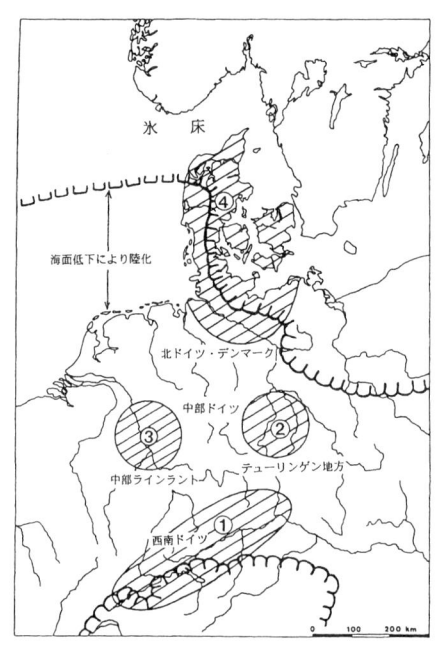

図1 中部ヨーロッパの遺跡分布の中心と調査の進捗している地域　氷床は最終氷期最寒冷期、本報告では③、①地域をとりあげる（Eriksen1996に③地域を追加）

のです。①で、川がありますのである程度わかるかもしれませんけれども、南の方にあるのがドナウ川です。最初に①の地域、最後に③の地域を取り上げます。

図2でかなり色々なことが説明できます。まず、一番左のコラム、こちらは気候変動、グリーンランドの氷床コアの酸素同位体の変移です。新ドリアス期の終末をもって更新世の終わりとする、つまり更新世と完新世の境目です。これは、ユーラシア全域レベルでもほぼ皆これを承認して、これで更新世と完新世の境目にしているという点は共通しているので、これが一つの基準です。

それから、図2の中央の列は、花粉などの気候区分です。寒い、温かい、寒い、

10

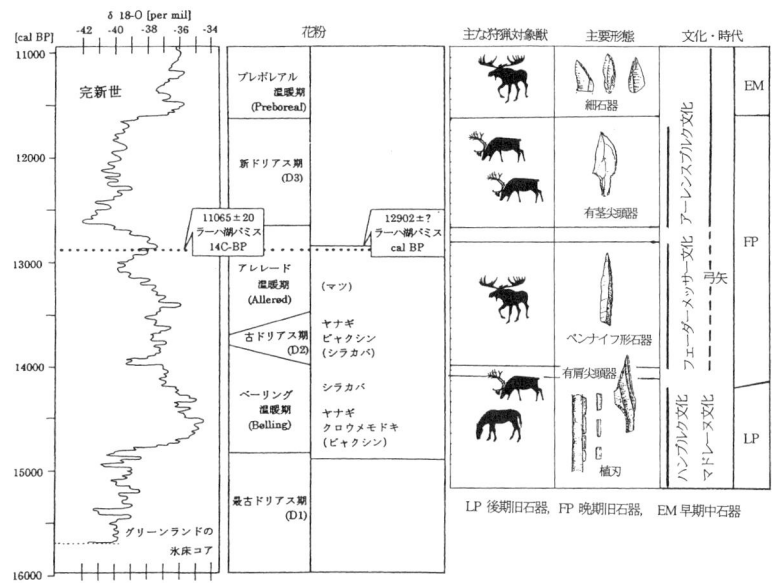

図2 ライン川中流域の後期旧石器時代末・晩期旧石器時代・早期中石器時代の編年
（Baales and Street 1998, Terberger 2003 をもとに作成）

暖かい、非常に寒い、急に今と同じ暖かくなる、の順番に推移したことがわかっています。ただ、古ドリアス期は、オランダなどでは比較的よく検出できるのですけれども、たとえばドイツなどでは、どこでも確認できるわけではないので、斜線を入れて三角形にしてあります（Baales and Street 1998）。

それから、ラーハ湖パミスと書いてあります。下に cal BP とあるのは較正された年代、より真実に近い値に換算された、という意味です。cal は、calendar の cal ではなくて calibrated の cal です。略記すると同じ短縮形なので誤解を生みやすいので困るのです。くどいようですがこれは calendar を意味しません。ラーハ湖パミスというのは中部ラインの広域火山灰の一つです。日本だったらたくさんありますね。鬼界アカホヤ（K‑Ah）とか姶良Tn 火山灰（AT）とか、それと同じようにラーハ湖パミスは、マリア・ラーハというところのすぐ近くで、較正年代で12900年くらい前に爆発して今火

1 中部ヨーロッパにおける旧石器時代から中石器時代への移行　*11*

口湖になっております。北はバルト海まで、東はポーランド、南はスイスのベルンまで火山灰が飛んでいて、いわゆる広域火山灰として編年に非常に役立っているのです。だから一つはこのラーハ湖パミスが基準ですね。

　図2右端の文化・時代区分をみてください。先ほどいいました後期旧石器時代はLPと書いてある部分、ここから後は晩期旧石器といっています。晩期旧石器の次は中石器ですけれど、その境目を更新世と完新世の境目、新ドリアス期とプレボレアル期の境目とに一致させている。この一致させているというところが重要です（Terberger 2003）。文化編年上の混乱を回避するために役立っているといいますか、そこの基準をずらしていない。旧石器・中石器・新石器という概念、枠組みはヨーロッパでたてられたものですので、ヨーロッパに適合的であるのは当然なのですけれども、調査の進捗に伴って、最初の定義にそぐわない事例というのはいくつも出てきます。その時に、新発見などの事例に合わせて、時代区分名などを変えずに時間を少しずらしてしまうとか、あるいは時期区分も時間軸も変えずに、新しい要素が出てきたとしても枠のなかで、これでいいのだと許容してしまうか、そういう問題です。

　具体的にいいますと、たとえば、図2の一番右をみていただきますと、後期旧石器時代、マドレーヌ文化が終わって、その次にフェーダーメッサー文化が続く。フェーダーというのはドイツ語でペン、メッサーというのはナイフです。日本語にすれば「ペンナイフ形石器」です。この段階で弓矢が出てくる。旧石器時代に弓矢が出てきて具合が悪いと考えるか、いやそれでもいいのだと考えるか。ここから中石器にしてしまうか、あるいは従来通りここに合わせておくか、そういうことをどういうふうに合理的に態度決定するかということです。中部ヨーロッパの場合に、文化編年上の混乱が比較的回避されているのは、ここの時代区分を皆一致させているからだと思うのです。だから、ここの年代・区分を動かして、名称は同じにすると結構混乱します。同じことは縄文時代の始まりに関してもいえるでしょう。これからもっと色々なところに問題が波及して、最終的に合理的なところに落ち着けばいいと思いますが、容易ではない。

狩猟具

　狩猟道具のことを考えますと、中部ライン地方では、後期旧石器時代のマドレーヌ文化の一番終わりまで、細身の投槍が使われたようです。小形のナイフ形石器に細い長い軸をつけて、投槍器を使って対象に投射していたのです。

　マドレーヌ文化に続いてフェーダーメッサー文化の段階では、図2右には「弓矢」と書いて、破線を引いておきました。では、この時期に本当に弓と矢が発掘されているのかというと、されていないのです。ただし、矢柄を磨いたといわれている矢柄研磨器が特徴的に出土します。したがって、矢柄を磨いたという解釈を基にして、実物は出ていないのですけれども、弓矢がすでに出現しているという理解です。そのため破線で書いておきました。アレレード温暖期に矢柄研磨器が出ているのがとく徴的です。次のアーレンスブルクは北方の文化の名前ですけれども、この時期は非常に寒いときです。ここでは弓矢は実線で書いておきました。ハンブルクの東のステルモーア遺跡で、実際に弓と矢が出土しています。弓幹の端部が2点発見され、矢柄は100本近く出ている。木製です。ただ、枠組みとしては、フェーダーメッサーもアーレンスブルクも晩期旧石器といっています。

　北米の民族例ですけれども、エルクジカの角製の弓と矢柄の例があります。もし矢柄が動物の骨製であるとすれば、矢柄研磨器は、水をつけて角や骨を擦ることに非常に有効ですので、存在していた可能性が高いと思うのですが、具体的な発掘事例ではありません。

　アーレンスブルク遺跡で発掘された矢柄は、調査が古くて、いい写真や図がなく、復元図しかないのですけれども、A. ルストが戦前1930年代から発掘していて、80cmとか1mとかの矢柄で完全なのも出ています。ジョイントさせて縛った矢柄もたくさん出ている。矢羽もついていたようです。これが、だいたい較正年代で12000年前後じゃないかと思います。晩期旧石器に実際の弓矢が発見されている例です（Rust 1978）。

旧石器 / 中石器の移行

　次は図3をみていただきたい。これは南ドイツのドナウ川の上流の編年です。晩期旧石器から中石器時代初頭まで、おそらく中部ヨーロッパではもっとも詳細な編年が組み立てられている地域です。この基礎はテュービンゲン大学のW. タウテ教授が、60年代から70年代の初めまで10数遺跡を一人で精力的に調査した成果を組み立てた編年で、それを基に私が少しアレンジしてみたのです。

　しかし、概報しか出ていません（Taute 1975）。正報告は未刊行のままタウテ教授が亡くなったので困ったことになっている。つい最近一冊出ましたけれど、大部分の報告はまだまだ先になると思います。現状はそういうことですが、図3をみていただきます。晩期旧石器に小形の背付尖頭器が次第に多くなってくるのですけれども、一方マドレーヌ文化の時に特徴的だった彫刻刀とかエンドスクレーパーというものがだんだん小さくなるだけではなくて、なくなってくる。考古学は新しい要素が出てきて色々時期区分するのですけれども、だんだんなくなっていく事象をとらえてどうのように問題にするか、この点は方法的に整理されていません。

　この図はそういう要素がだんだん縮んでいってなくなっていくという過程をよく示していると思います。中石器時代の初期には彫刻刀やエンドスクレーパーはもうないですけれども、非常に小形の、ちょっと背を付けた尖頭器があり、晩期旧石器の要素からの変化は連続的です。むしろ、その後、中石器時代の前半ですけれども、限りなく石器が小さくなっている。石器自体は本当に数ミリしかないものもあって、こんなのでどうやって生活していたのだと思うかもしれませんけれども、注意すべきことは、これは道具のごく一部であって、道具が小形化すると考えると間違ってしまいます。道具のあるパーツがだんだん小さくなってくる。パーツが小さくなっていって、それを組み合わせることによって自在に色々なものが作られると考えればいいと思います。むしろ、中石器時代の終わりに少し違いがある。

　それから、図3にあるラウターエック遺跡は線帯紋土器（Linearbandkeramik）といって、最古の土器の一群が、中石器時代の人たちが住んでいた山のなか

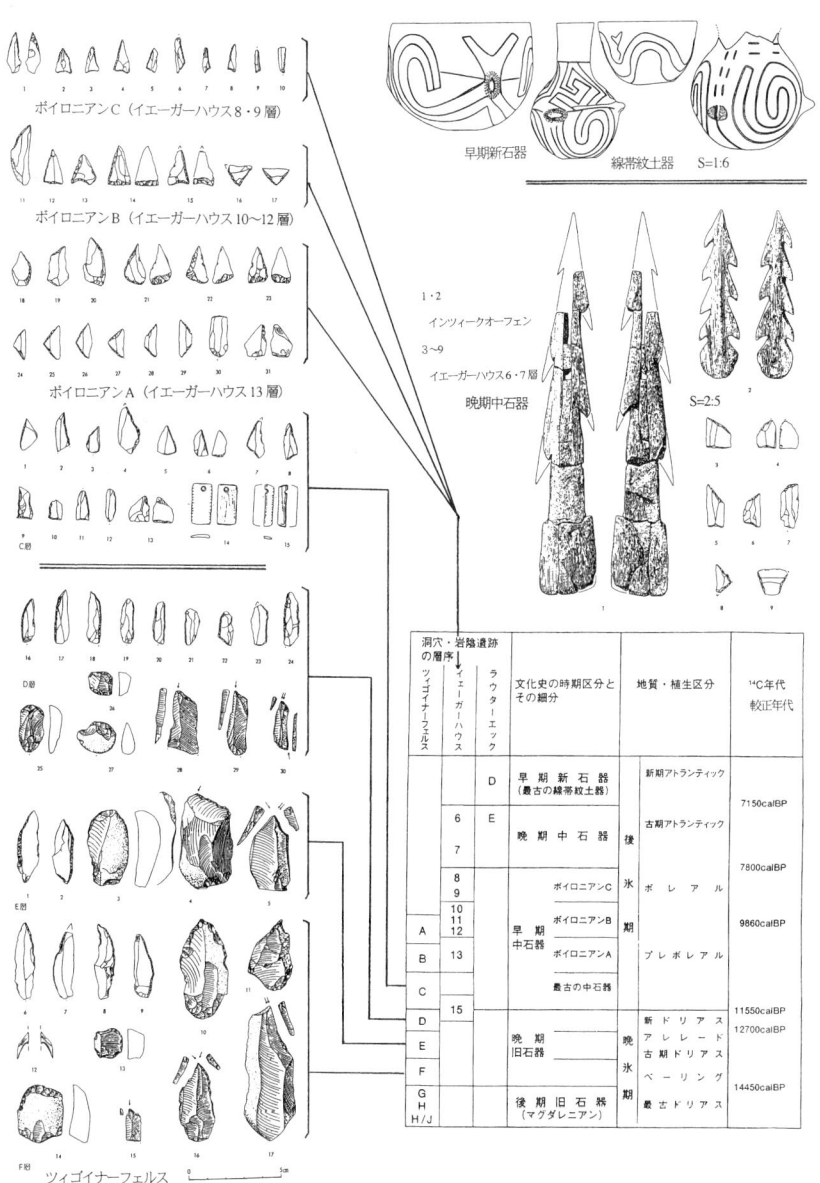

図3 南ドイツの後期旧石器時代末から新石器時代の編年
(Taute 1975, Eriksen 1996, Stöckli 2002をもとに作成)

1　中部ヨーロッパにおける旧石器時代から中石器時代への移行　15

の小さな岩陰遺跡からわずかであるが発見される。ここなんか行ってみますと2〜3人座ったらもう場所がないような狭いところです。

こんなところで農耕民の土器がパラッと出る。したがって、今から較正年代で7千数百年前に南ドイツのドナウの上流のレス地帯には、確実に農耕民が進出していたことを示していると思います。最近ランゲナウ遺跡ではもっと古い土器が出ていまして、ドナウ川沿いにやって来た農耕民は、較正年代で7700年〜7500年くらいまで遡ります。

動物相

中部ヨーロッパでいろいろな意味でもっとも大きな変化があるのは、動物相に関しては、新ドリアス期と、それ以降のプレボレアル期です。トナカイなどいなくなり、マンモスもほとんどいないですね。マドレーヌ文化の終わりのゲナスドルフ遺跡とか、フランスのパンスヴァン遺跡などではごくごくわずかマンモスの骨が出ていますけれども、この段階ではではいなくなる。これは、未発見ではなく、絶滅しているのだと思います。

新ドリアス期のところではトナカイは棲息していますけれども、それ以降はもうエルクジカとかアカシカとかがたくさん出てくる。B. エリクセンが調べたところでは北ドイツやデンマークの方が、南ドイツよりも変化がシャープであるといっています（Eriksen 1996）。しかし、南ドイツでもトナカイが激減してノロジカとかビーバーが出てきて、マンモスのステップ動物群が絶滅して今日の動物相が成立するのは新ドリアス期の直後です。これは変わらないと思います。

それから、弓矢の出現に関しては、先ほど申し上げましたように動物相の変化と一対一の対応関係は追究できないと思います。ただ、そういう複雑・急激に変化する動物相と晩期旧石器のアレレード温暖期の森林環境のなかで弓矢が考え出された可能性が高いと思うのです。矢柄研磨器はいろいろな文化的コンテクストが結構違うのですけれども、日本列島と中部ヨーロッパでは1万キロ以上も離れているにもかかわらず、同じように矢柄研磨器が出てきているということは環境変動との関係で面白い現象じゃないかと思いま

す。

土器の問題

次に土器の問題です。中部ヨーロッパでは、最古のグループは較正年代で、7700 年～ 7500 年くらい前までは遡るのではないか（Kind 1998, Stöckli 2003）。日本列島をはじめとする東アジアの土器の出現と比較しますと、非常に後出的です。遅れていると表現しちゃいけないですね。出てくるのが後になるということです。マドレーヌ文化のマグダレニアンのⅤの段階、較正年代で 15000 年よりやや古いくらい、だから最古ドリアス期に入るのですけれども、有名なゲナスドルフの住居内で多数発見されているピットがあります。これは土器ではありませんが、ピットのなかに焼けた石英礫がたくさん入っています。ピットの内側に馬の皮を張って水を入れ、上から熱い石英礫を投げ込んで調理したと考えられています。実験もずいぶんやっています。40 分くらいで色々な調理ができるというデータもあります。

ですから、土器は、生業のさまざまな面が遺物としてどうやって、どのような形であらわれてくるかという点からとらえ直してみる必要もあると思うのです。この例は下から炊くのではなくて、上から熱いものを放り込むので土器の使い方とは違います。形も何もまったく違いますけれども、機能としては類似しているものがあります。土器という形が、どこで一番先に出てくるかという問題についても、そういう目でみる必要もあるのではないか。

農耕民の流入

北ドイツでは農耕民の流入はそれほど急激ではなく、つまり農耕、家畜、長形の住居などがパッケージで一挙に入ってくるのではなく、ゆっくり、ある要素が接触などを通じて少しずつ入ってくるということが最近いわれております（テルベルガーほか 2005）。しかし、南ドイツではラディカルに変化します。E. ザンクマイスターが提示している、中石器から新石器の農耕民の変容モデルがありますが、ウシとカブタの家畜、それから農耕、掘立柱の非常に長い住居、こういうものがパッケージとして入ってきます。かなり機械

的なモデルですけれども、3類型が出されています(Sangmeister 1983)。第一は、農耕民が来たら中石器時代人はもうどこかへ行ってしまう。第二は、中石器時代の人たちが農耕民とすぐとけこんで、中石器時代人たちが農耕民化する。これは昔の古いといいますか、段階説で、旧石器時代・中石器時代・新石器時代と連続的にずっと変化していく、というモデルです。第三は、その中間で、ある程度とけこんだところと、そうではなくて別のところへ行く、顔が反対方向へ向いて、行く方向が違っている人たちもいる、というモデルです。これは、ある程度住み分けて段階的に農耕民化するというモデルで、このモデルあたりが実際のところではないかと思います。

　もうちょっと具体的にみますと、シュヴァーベン地方、有名なギュンツ・ミンデル・リス・ヴュルムの名称の標識地の一つであるリス川とレック川の地域のことです。ドナウ川のところは一番早くて、最古の帯紋土器があります。ドナウ川を挟んだ南のところでは、中石器時代が続く。こういう地域差の問題が避けて通れないのではないかと思います。

　最後に、古い線帯紋土器の文化がどういうふうに分布しているのか。ドナウ川からライン川に沿った、肥沃なレス地帯に土器が出てきます。バルカンからハンガリー、オーストリアを通ってドナウ川を遡ってきています。北の方にはきていません。だから、南の方ではドナウ川沿いに農耕民が入ってくることがはっきりとらえられます。北の方は中石器時代末のエルテベレ文化が分布していますけれども、新石器化の移行は漸進的であるとわれています。南ドイツでは、中石器から新石器への変化は居住形態も含めシャープに観察されますが、旧石器から中石器への移行は石器をみている限り、漸進的であると考えられます。

文献

Baales, M. and Street, M. 1998. Late Plalaeolithic Backed-Point assemblages in the northern Rhineland: current research and changing views. *Notae Praehistoricae*, 18:77-92.

Eriksen, B. 1996. Resource exploitation, subsistence strategies, and adaptiveness in

Late Pleistocene-Early Holocene northwest Europe. *In* Strauss, L.G;Eriksen, B;Erlandson, J. and Yesner, D. (eds) *Humans at the End of the Ice Age*, 101-128.

Kind, C.-J. 1998. Komplexe Wildbeuter und frühe Ackerbauern. *Germania,* 76-1:1-23.

Rust, A. 1978. *Vor 20000 Jahren: Rentierjäger der Eiszeit.* Karl Wachholz Verlag. Neumünster.

Sangmeister, E. 1983. Die ersten Bauern. *In* Müller-Beck, H. (Hrsg.) *Urgeschichte in Baden-Württemberg,* 429-471.

Stöckli, W. E. 2002. *Absolute und ralative Chronologie des Früh-und Mittelneolithikums in Westdeutschland (Rheinland und Rhein-Main-Gebiet), Baseler Hefte zur Archäologie,* Bd. 1, 1-142.

Taute, W. 1975. Ausgrabungen zum Spätpaläolithikum und Mesolithikum im Süddeutschland. *Ausgrabungen in Deutschland* Teil I., 64-73, Mainz.

Terberger,T. 2003. Paläolithikum und Mesolithikum. *In* von Freeden, U. und von Schnurbein, S. (Hrsg.), *Spuren der Jahrtausende: Archäologie und Geschichte in Deutschland,* 2.korregierte Auflage, Konrad Theiss Verlag,58-107.Stuttgart.

テルベルガー, T.・ハルツ, S.・リュプケ, H. (工藤雄一郎訳) 2005「魚類とアザラシからヒツジとウシへ―北ドイツの新石器化に関する最近の調査について―」『考古学研究』52-1: 73-93

2 縄文時代開始期と同じ頃の西アジア
―旧石器時代から新石器時代への移行―

西　秋　良　宏

はじめに

　私は西アジアで仕事をしております。今日は西アジアにおける旧石器時代から新石器時代への移行についてお話しします。日本でいえば、縄文時代の草創期から早期にあたる時期です。先ほどの小野先生のご発表はヨーロッパ北部についてでした。西アジアは、そこよりは少し日本列島に近い。また緯度はほとんど同じです。成田から十数時間真西にずっと飛んでいくことができれば、地中海がみえてきます。その手前のあたりが西アジアです。

　西アジアでは紀元前9500年から10000年くらいに新石器時代が始まります。今から11500年ないし12000年くらい前です。小野先生のお話でも編年表がでてきましたが、それは今から何年前ということで作ってありました。私は年代については、紀元前で統一してお話しますので混乱なさらないようにお願いいたします。もう一点、先ほどの話では晩期旧石器時代という時期名が出てまいりました。西アジアにもそういった時期があります。後期旧石器時代の末、細石器が使われるようになった時期のことですが、ここでは終末期旧石器時代ということにします。

　今日のテーマは旧石器時代から新石器時代への移行期ということですから、そうした旧石器時代の終わり頃、つまり終末期旧石器時代、それから新石器時代が始まった頃、そして完全な新石器時代、と三つの時期に分けて、この間の移行の様相についてご説明することにします。

　西アジアの土地と編年

　西アジアの衛星写真などをみると、真ん中にシリア砂漠、あるいはシリ

ア・アラビア砂漠といわれている大きな砂漠が広がっているのがわかります。その北側と東西両側には少し緑の地域がみえます。緑の地域は三日月状にひろがっていますから肥沃な三日月地帯といわれています。話の舞台は、その中でも私が仕事しているシリアを含めた地中海側の地域です（図1）。

次に編年ですが、ここには西アジアの編年と日本列島の編年をならべて示しました（図2）。縄文時代の細かい時期区分はあまり正確でないかも知れません。西アジアの旧石器から新石器という時期は、日本の縄文でいえば草創期と早期のあたりになるのでしょうか。縄文時代は非常に長くて、1万年以上続きました。その間西アジアでは、ケバラン、ナトゥーフィアンといった終末期旧石器

図1　西アジア西部の地図と本文中に登場する遺跡

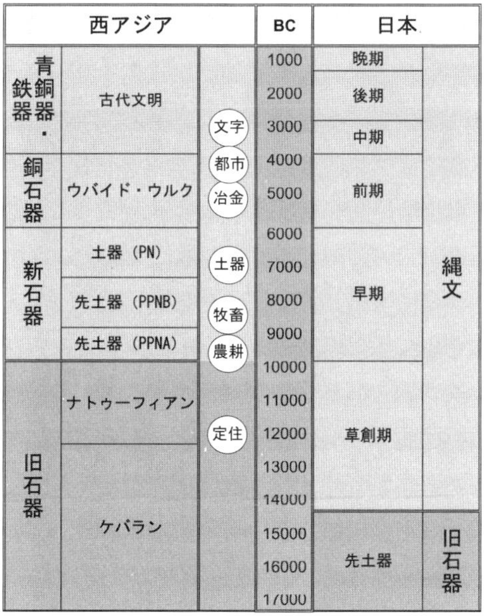

図2　西アジア・日本列島の編年比較

2　縄文時代開始期と同じ頃の西アジア　21

時代から始まって、その後、新石器、銅石器、青銅器、鉄器時代というように時代がどんどん移り変わり、最後は古代文明、メソポタミア文明が生まれる。そこまで時代が変わっていきます。

　この間、西アジアでは色々なことが起きているのですが、重要なものをいくつか挙げますと、まずは定住です。紀元前の 12000 〜 13000 年頃。これはケバランとナトゥーフィアンの境頃のことです。それから農耕。西アジアは農耕を自分で発明した最古の地域として知られています。それから牧畜。家畜の飼育が始まるのは植物栽培よりやや遅れます。そして土器が出てきます。これは紀元前の 7000 年くらい。その後は金属や都市や文字などがどんどん出てきます。今日お話するのは、定住の開始から土器が出てくる頃までにさせていただきます。

　　旧石器時代の終わり頃
　まず、定住が始まる頃なのですが、ここにあげてあるのは気候変化を示す図で、グラフが上にいっているほど暖かい時期ということになります（図3）。氷河時代の寒い時期がずっと続いていたのが、紀元前 12000 〜 13000 年になると暖かい時期が始まる。ちょうどその頃定住がはじまったとされています。

　その頃の生活がどういったものかということをご紹介します。シリアとトルコの国境あたりにあるデデリエという洞窟の成果なんですが（図4）、この洞窟は以前東大におられた赤澤威先生が発掘しておられる遺跡で、ネアンデルタール人の子どもが見つかったことで非常に有名になった遺跡です (Akazawa and Muhesen 2002)。最近の発掘ではナトゥーフィアン期の集落も見つかっています。非常に大きな遺跡で、幅が 15 〜 20m、奥行きが 60m くらいある。この講堂の半分くらい、もっとですかね。非常に大きな洞窟です。その入り口のあたりで、定住が始まった頃の建物が見つかっています。これは洞窟の中から外をみているところです（図5）。岩がたくさん出てくる。石灰岩の洞窟ですからしょっちゅう落盤があります。ぱらぱらぱらぱら落ちてきた石と人間が並べた石をどう区別するのかとよく訊かれるのですが、慎重に調べれば区別できます。竪穴住居が 4 つみえます。地面に穴を掘って石垣

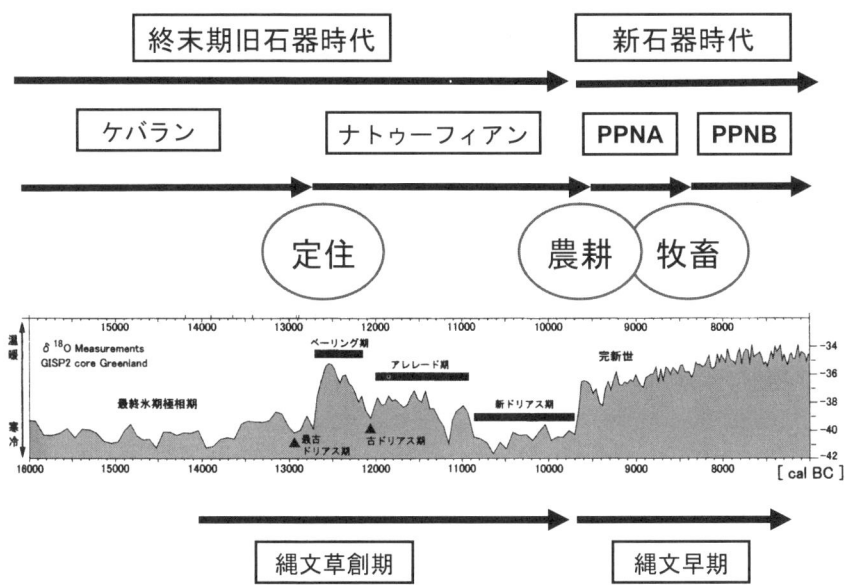

図3 更新世末期から完新世初期にかけての気候変動と文化編年（谷口2005に加筆）
　　PPNAは先土器新石器時代A期　PPNBは先土器新石器時代B期

図4　デデリエ洞窟遠景

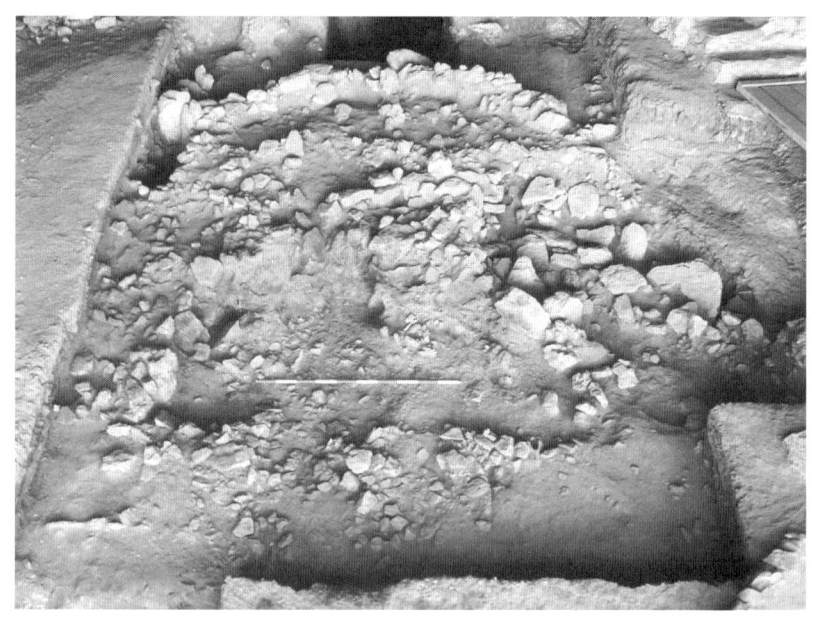

図5 デデリエ洞窟ナトゥーフィアン竪穴住居

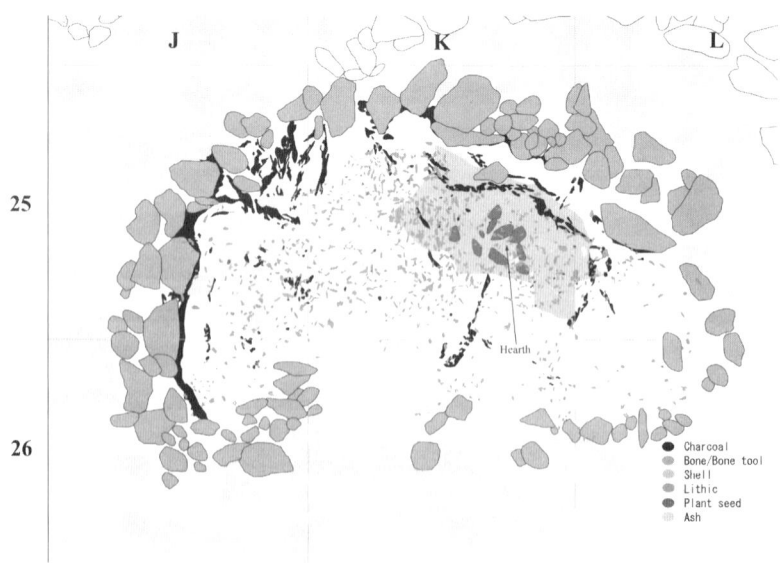

図6 デデリエ洞窟ナトゥーフィアン竪穴住居平面図（西秋ほか 2006）

を作って建てたいわゆる半地下式の住居です。こうした半恒久的な建物があらわれるのがこの時期の特徴です。

手前に半円形の竪穴がみえますが、これが全体の形がわかる竪穴であります。この建物は火事にあっておりまして、柱などが炭になって残っていました。そのため、壁際に柱を立てて、横にも木を渡すなどして造っていたことがわかっています（図6）。炉もありました。どういう建物が復元できるかといいますと、別の遺跡、イスラエルのアイン・マラッハという遺跡で、同じように斜面を削って石垣を並べて屋根を造るという建物が復元されています（Valla 1988）。デデリエの場合もおそらくそれに似た建物であっただろうと思っています。

図7　野生のピスタチオ

竪穴に住んだ人びとの生活をみてみますと、植物ではどういうものがあるかというと、ピスタチオやエノキといった木の実、それからムギ類やマメ類、そういったものが利用されていました。木の実は非常に好まれていたらしくたくさん出土しました。それは、この時期に暖かくなって西アジアにも森林が広がっていたことが一つの背景にあるだろうというわけです（図7）。植物を利用するための道具としてフリント製の石刃があります。柄につけて野生のムギ類を刈り取っていたようです（図8の8、9）。いわゆる磨石、石皿といった穀物処理用の大型石器も見つかっています（図9）。

動物はどういうものかといいますと、この遺跡から見つかった約1000点の動物化石を分析しますとイノシシが多い。シカもいる。これは縄文時代と似ています。またガゼルが少々、こういった中型の動物に加えて、非常に大きなヤギュウも獲っています。この写真は角をもっているところですが、巨大なヤギュウです（図10）。その一方でリクガメ、ハト、ウサギ、トカゲなどの小さな動物まで獲っています。獲れるものは全部獲ろうという戦略です。そういう経済であります。また、森林が拡大したためシカやイノシシが西ア

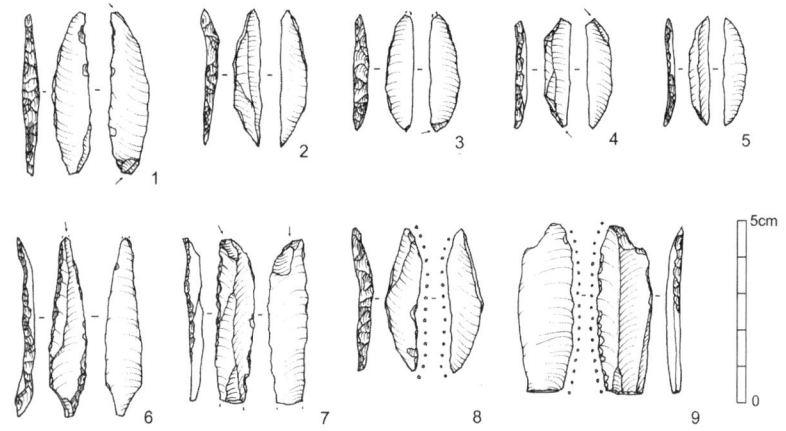

図8　デデリエ洞窟出土のナトゥーフィアン打製石器（西秋ほか 2006）

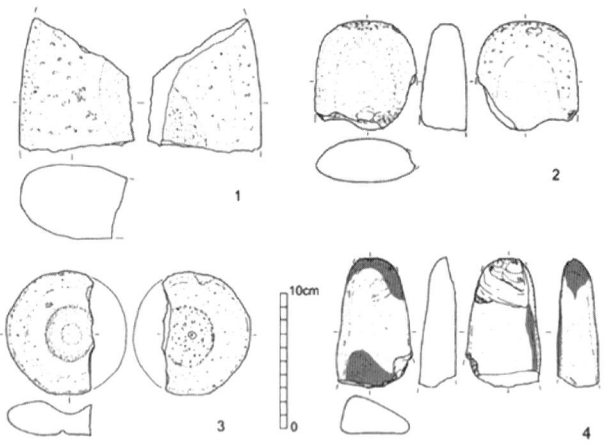

図9　デデリエ洞窟出土のナトゥーフィアン磨製石器（西秋ほか 2006）

ジアでも獲れていたというわけです。どうやって獲っていたかといいますと、この時期には石鏃はまだありません。出てくるのはナイフ形石器と小さな半月形の細石器の二種類です。そうした石器の先端をみると、何かにあたったときに欠けた痕が見つかります。その割れ方のパターンを分析してみると、ナイフ形石器は縦に割れており（図8の6、7）、細石器は横から割れているということがわかります（図8の1、3、4）。つまり、ナイフ形石器は先端に付けて、

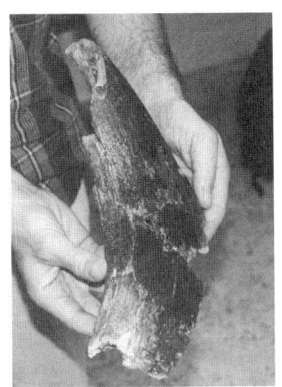

図10 デデリエ洞窟出土のオーロックス角

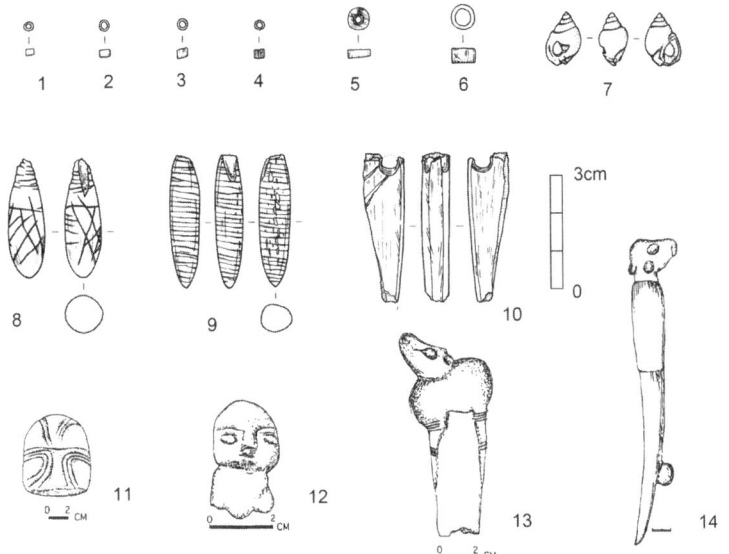

図11 ナトゥーフィアンの装身具と彫刻作品　1〜10：デデリエ洞窟（西秋ほか2005）
　　　11〜14：イスラエル諸遺跡出土（Bar-Yosef 1998）

細石器はその下にカエシとして斜めにして付けていたのではないかと考えています。

　それから、装身具の発達。ヨーロッパの後期旧石器ではいろんな芸術作品や装身具が出てくるのですが、西アジアではほとんどありません。しかし、

この時期になるとようやく発達してどっと出てきます。芸術作品も登場いたします。デデリエの洞窟ではビーズや幾何学模様をもつものしか出なかったのですが(図11の1〜10)、別の遺跡では動物や人間の像も見つかっています。これはガゼルの子どもですね (図11の13)。これは大人でしょうか (図11の14)。動物を作る場合は自分たちがよく食べていた狩猟対象になっていたものを作っています。人間の像については何だかよくわからないですね、性別がはっきりしないものが少し作られています (図11の12)。

さて、今ご紹介したのはちょうど定住が始まった頃の生活です。それがどういう経緯であらわれたかといいますと、気候の温暖化と関係あるということを申し上げました。しかし、突然そういう定住生活があらわれたわけではなくて、それよりも前の後期旧石器時代でも条件さえ許せば似たような生活はあったということがわかっています。その一つの例が、オハロ第二遺跡というシリアとイスラエルの国境あたりの遺跡です。ガリラヤ湖畔の水の中に埋まっていたために非常に残りが良い遺跡で、紀元前20000年頃、ここではすでに定住していたのではないかといわれています(Nadel 2004)。水に浸かっていたものですから、植物や動物の遺体、といいますか食べ物の屑が全部残っていて、それを分析してみるとどうも一年中住んでいたらしいというわけなのです。建物も竪穴ではありませんが、さっきのデデリエとプランがよく似ています。こういうふうに旧石器時代であっても水辺など条件の良い所だと定住がなされていた場合があった。ロープで作った網で魚を獲っていたということもよくわかっています。また、大きな製粉具があって、オーブンも見つかっています。製粉具には穀類を潰した澱粉がついていたということですから、20000年以上も前から後の農業につながるような穀物利用がすでに条件の良いところでは始まっていたということです。それが、紀元前13000年頃、暖かくなってきた頃に一気に発達したのがナトゥーフ文化というわけです。

原初的な新石器時代

次に新石器時代の開始期の話をします。一旦暖かくなった気候が、前11000年頃、新ドリアスという時期に、急に寒くなって、その後また暖かく

なる（図3）。その頃に農耕といいますか植物栽培が開始された証拠がごくわずかですが出てきます。すごく寒くなって、この地域は乾燥しました。そこでどうしようかと考えた結果、今まで利用していた穀物を自分で作って何とかしようと始めたんじゃないかというのが一つの考え方ですが、実際にはそんなに単純ではなく、なぜ始めたかということは完全にわかっているわけではありません。しかし、開始時期が気候変化と一致するということは事実です。

　農耕というのはムギ類の栽培のことですが、一つ注意しなければならないのは、ムギ類の栽培化はゆっくりすすんだという事実です。京都の総合地球科学研究所の丹野研一さんとフランスのジョージ・ウィルコックスさんの重要な研究があります（Tanno and Willcox 2006）。遺跡を発掘してムギの穀粒を見つけて、野生種か栽培種かをていねいに調べて、時期別にその比率を比べてみると、栽培種があらわれてからそれが大勢を占めるようになるには紀元前10000年以降、3000年以上かかっているそうです。こんなに時間がかかるのですから、栽培種があらわれる前、つまり旧石器時代にも、形は野生だけれども実は栽培しているムギもあったというふうに考えておいた方が安全です。

　農耕開始期頃のムラをみてみます。フランスのチームが発掘したジェルフ・エル・アハマル遺跡を紹介します。シリアとトルコの国境あたり、ユーフラテス川上流にある新石器時代初頭の遺跡です。この頃には、建物が大きく変わります。最初は先ほどまでの丸い竪穴のような建物が見つかりますが（図12）、やがてなんとなく四角めいてきて最後は四角になります。丸い建物が長方形になる。それから地下式であったものが地上式になる（図13）。そういった変化が、ちょうどこの頃、この遺跡でうまい具合に見つかっています。そもそも、なぜ竪穴住居に住んでいたのかというと冬が暖かいからだろうと思います。逆にいえば、暖かい建物を地上に建てることができれば竪穴に住む必要はない。だから、新石器時代に地上に泥壁で家を造る技術が出てきたこととが、地下式から地上式への変化の背景にあったと考えられます。一方、円形から長方形に変わっていった理由についてはいくつかの仮説があ

図12　ジェルフ・エル・アハマル遺跡出土の半地下式建物

図13　ジェルフ・エル・アハマル遺跡出土の地上式建物

ります。定住して農業を始めて、人口が増えて集落が混雑して、あるいは私有財産が増えて家の中での作業が増えたため、家の間取りをしっかり作って、大きな家を造ったのではないかというのが一つの仮説です。

　この時期のムラで面白いのは、人びとの考え方が変わったことを示す芸術

がよく見つかることです。先ほど申し上げたナトゥーフ期の芸術作品は、ほとんど彼らが獲っていた獲物をモチーフにしています。ガゼルなどです。しかし、新石器時代の初期はそういうものをあまり作らないのです。ここでご覧になってわかるように、ライオンだかヒョウだかの猛獣、あるいは野牛のオーロックス、あるいはワシやヘビ、サソリなどという恐ろしいものを作ります。力が強いとか、素早いとか、危険であるとか、人間が到底かなわないという動物を作っていたのです（Stordeur and Abbes 2002）。ナトゥーフィアンまでの芸術とはころっと変わって、彼らの芸術に対する考え方に大きな変化があったことがわかります。人間の表現は全体にはまだナトゥーフィアン的で、女性像などはごくまれにしか見つかりません。しかし、次の時代につながるような遺物もこの時期の終わり頃になってちょこっと出てきます。

　それから農業が始まるこの頃にもう一つ特徴的なのは、儀礼センターの出現です。ここでお見せしているのは、シリアとトルコの国境あたりの遺跡でトルコ領にあるギョベクルという遺跡です（図14）。ドイツのチームが発掘しています。まわりに何にもない岩山のてっぺんに残された遺跡です。ものすごいものが見つかってます（Schmidt 2000）。石柱です。10000年以上も前の話ですよ。どうみても神殿ではないかというくらいのモニュメントが作られ始めます。それに描かれているのも、やっぱりオーロックスやキツネ、猛禽類とか野生の動物です（図15）。ここに学生が立っていますが、ここは石切場ですね（図16）。こういった石柱を作るために、10000年以上も前の人が岩盤を切って、石を取り出そうとしたものです。長さ7mくらいあって、でも途中でひび割れして失敗してそのまま置いて帰ったというものですが、うまくいけば、この部屋でしたら天井まで立つような巨大なモニュメントができたんですね。

　こういう公共儀礼の発達というのが新石器時代の開始期の一つの特徴です。実は、これが逆に、栽培種のムギの発達を促した原動力になったんじゃないかという仮説があります。栽培種のムギというのは野生のムギのうち、熟しても種がぱらぱらと落ちないものを選んで収穫し、それを繰り返しているうちに自分では種を落とせない種類に変わってしまったものと考えられて

図14 ギョベクル遺跡出土の神殿遺構

図15 ギョベクル遺跡出土の石柱。野生動物が彫り込まれている。

図16 ギョベクル遺跡近郊の石切り場

います。先ほどお見せした公共儀礼のセンターで彼らが何をしていたかと考えると、宴会をしていたに相違ないわけです。地域規模の儀礼に色んなところから人が集まってきて宴会をする。そのためには食料がいるということで、この地域で盛んに野生のムギ類が採られていたのではないか、そのうち栽培種が生まれてしまったのではないかという仮説です。実際、DNAの分析で推定されている栽培種起源地はこの地域に近いところなんです（Heun et al. 1997）。

本格的な新石器時代

さて、今のが農耕の始まりの頃です。今度は本格的な新石器時代です。何をもって本格的というかというと、植物の栽培と動物の家畜化、その両方が定着したという意味です。家畜化は植物栽培よりも遅れて始まります。紀元前8000年か8500年くらいのことです。それはとくに気候が大きく変わった時期ということではありません。ですので、動物の家畜化は複雑化しつつあった村社会の中で、リーダーたちが権力の象徴として始めたのではないかとの説もだされています。動物と植物の両方が揃ったこの時期は西アジア型農耕の完成期にあたります。ヒツジ、ヤギ、ウシ、ブタ、2種類のコムギ、オオムギ、レンズマメ、エンドウマメ、ヒヨコマメ、ソラマメなどが出そろいます。この組み合わせというのは西アジアで始まったもので、今ではヨーロッパの人たちも同じものを食べています。地中海地域の基本食物が完成した時期というわけです。

その頃のムラについてご紹介いたします。これは私たちが今発掘している遺跡で（図17）、シリアとイラクの国境近くのテル・セクル・アル・アヘイマルという遺跡です（Nishiaki and Le Miere 2005）。この地域は砂漠だと思われていますけれど、雨季が終わった後は緑に覆われます。夏になると砂漠にもどってしまいますけれども。そこでどういうものを掘っているかというと、実は現代の西アジアの農村とほとんど同じムラです。右側に挙げているのは現代の人の家造りなんですが、遺跡でも全く同じものが出てきます（図18）。新石器時代の後半に農耕・牧畜が完成するということは、それ以降8000～

図 17　セクル・アル・アヘイマル遺跡遠景

現代農村とほぼ同じ建物

図 18　セクル・アル・アヘイマル遺跡出土の建物（左）と現代の泥壁建築（右）

図 19　セクル・アル・アヘイマル遺跡出土の女性土偶（左）と動物土偶（右）

図 20　サラサート遺跡出土の無文土器

9000年、ずっと今に続く完全な農村の伝統ができあがったということですね。

この時期のシンボルについて紹介しますと、ようやく女性土偶、地母神という女性土偶が一般化するようになります。さっきの新石器時代の始まった頃からも少し出てくるのですが、それが大いに発達します（図19の左）。一方、動物の方はどうなるかというと、今度は家畜、自分たちが飼っている動物を土偶に作るようになります。家畜を飼っていない頃は、恐ろしくて手に負えない動物を作っていたのですが、この時期には手なづけられた動物というのですかね、ヒツジやヤギといった家畜動物を作るようになる（図19の右）。また一つ、人びとの考え方がかわっていくというふうにいえると思います。

それから、紀元前7000年頃になってようやく土器が登場いたします。ここに挙げたのはイラクのサラサートという遺跡から出た土器で（図20）、かつて江上波夫先生が発掘なさったものです（Fukai et al. 1970）。当時は北メソ

サラサート式

セクル新式

セクル古式

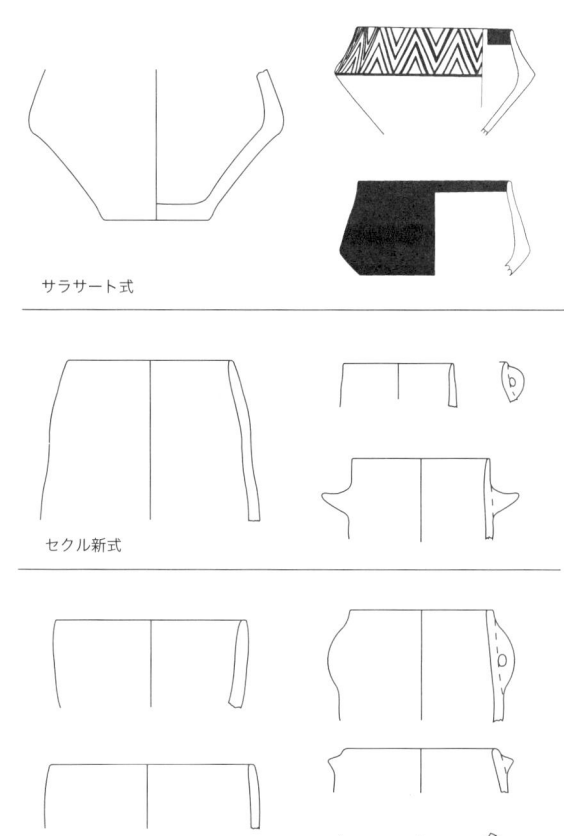

図21　セクル・アル・アヘイマル遺跡出土の土器
下段が最古（Nishiaki and le Miere 2005）

2　縄文時代開始期と同じ頃の西アジア　35

ポタミアで一番古い土器だといわれていたのですが、テル・セクル・アル・アヘイマル遺跡ではもっと古い土器が見つかりました。図21下段のような土器です。黒いゴマ粒のようなものがいっぱい含まれている土器です。石をつぶして、その粒を粘土に混ぜて作ったものです。今まで古いといわれていたサラサートのような土器は、ほとんどが土器の中に藁が入っているのです（図21最上段）。それ以前に鉱物を入れて土器を作った時期があったということがわかったわけです。また、

図22　ギャブ遺跡出土の彩文土器

それと同時に鉱物を混ぜた土器から藁を混ぜた土器へと移っていく中間に、鉱物も植物も混ぜるという時期があったということもわかりました（図21中段）。さらに、最初の土器は文様のない無文土器で、そのうち彩文のついた土器があらわれるといったプロセスもこの遺跡で追うことができました。

　最初は文様もなくて、鉱物を混ぜた土器が使われていたものが、だんだん藁を混ぜる土器が優勢になっていって、彩文も増えていくという変化です。この変化はたかだか400〜500年の間に起こりました。ただ、鉱物を入れる土器がなくなるわけではありません。それは、調理用の鍋を作るためにずっと使われて最後まで残っていったようです。藁を混ぜた土器は、全く耐水性がなく、調理にはあまり向かない。鉱物を混ぜた土器は水漏れもしないし火にかけても割れにくいのです。ただし、調理用の土器は生き残ったものの、大部分の土器は藁を混ぜたもので、それ以外の目的、たとえば貯蔵とかもてなしなどに使われるようになったというわけです。

　彩文土器は西アジアでは非常によく発達します。彩文には何か意味があったのか、ただ単に文様を付けただけであったのかということが今議論になっ

ています。その一つの手がかりになるような土器が、ここに挙げたものです（図22）。私の好きな土器の一つで、50年くらい前、江上波夫先生がイランで発掘なさったものです（Egami and Sono 1970）。この文様を、江上先生はカエル文というのですかね、動物の文様であると考えられたのですが、最近違うという人が出てきました。イスラエルのヨーセフ・ガーフィンケルさんの説で、「シャル・ウィ・ダンス説」といういい方がいいのかどうかはわかりませんけれども、ベリーダンサーのような女性表現ではないかというのです（Garfinkel 2005）。カエルのような文様の真ん中の丸はまさしく中東のふくよかな女性のベリー、お腹ではないかというわけです。こうした彩文土器の文様というのは単なる飾りではなくて、コミュニティをまとめる何らかの象徴表現が隠されているのではないかという説です。この場合は、ダンスですね。実際、この時期になると先の時代にあった巨大な建造物や公共建造物といったものは全くなくなります。かわりに壁画であるとか、家の床に絵を描いたりというものが出てきます。人びとが踊っている絵というものがよく出てくるんですね、実際に。各ムラから大勢集まって巨大なモニュメントで壮大な儀礼をするというものではなくて、ムラごとの祭りのような儀礼に完全に変容している。今のムラ社会そのものになったであろうというわけです。土器の模様もそうしたムラ社会の結束に一役買っていたのではないかと考えています。

　おわりに
　さて、今日お話したのは終末期旧石器時代から新石器時代、日本でいえば縄文の草創期から早期にかけての時期です。最終氷期の終わり頃の気候の温暖化でもって定住が始まった。その後、新ドリアスの直後あたりから、おそらく植物栽培が本格的になっていって、その後動物の家畜化が始まる。そしてまもなく土器がでてくる時代ということでした。
　この時期の文化や社会の変遷をどのように解釈したらよいかということですが、まず定住の開始は、気候の温暖化、湿潤化が関係あるといえます。西アジアで温暖化、湿潤化するということは、簡単にいうと食料が増えるとい

うことであります。森がでてきて、面積当たりで獲れる動物の量も採集できる植物の量も増えてくるわけで、狭い地域でも暮らしていける。それが定住の開始の一つの要因であろうと思います。しかし、農業が始まってから後の文化の変遷というものは、おそらくそういった気候の変化や環境の変化だけでは説明できません。人びとの精神面、社会面の変化が変化の原動力の一つであったと思います。

　新石器時代の農耕牧畜の発展をドメスティケーションとよぶことがあります。植物を手なずけるとか、動物を手なずけるなどして人間が野生のものをコントロールしていくプロセスのことです。植物や動物を手なずけることに成功した人というのは、自然界にもう怖いものはなくなった。後はどんどん自分たちで社会を変えていく、自然を変えていく、そういう時代に突入したのが新石器時代の開始であったと考えられます。もちろん、ところどころ、気候の変化でペースが変わることはありましたけれども、ここから後の時代というのは、単なる環境への適応とは考えにくい社会の変化が起きてきます。西アジアで人と自然の調和がみられたのは終末期旧石器時代までで、新石器時代以降の社会の変化は別の原理、別の考え方でもって進んでいのではないでしょうか。そうした道筋が可能になったのは、たまたま西アジアには農耕や牧畜に適した動植物が自生、生息していた、という元来の環境条件があったからだと思います。それがなかったらまた別の道を歩んでいったはずです。

　以上、西アジアで新石器時代が始まったのは、日本列島ですと縄文の早期の始まりくらいのできごとなのですが、日本ではこの時期にどういう変化があったのかという点については他の発表者の方がお話になることになっています。ご静聴ありがとうございました。

文献

Akazawa, T. and S. Muhesen (eds.) 2002. *The Neanderthal Burials: Excavations of the Dederiyeh Cave, Afrin, Syria*. Auckland: KW Publications Ltd.

Bar-Yosef, O. 1998.The Natufian culture in the Levant, threshold to the origins of agriculture. *Evolutionary Anthropology* 6 (5) : 159-177.

Egami, N. and T. Sono (eds.) 1962. *Marv Dasht*, Vol II. Tokyo: The University of Tokyo.

Fukai, S., K. Horiuchi and T. Matsutani (eds.) 1970. *Telul eth-Thalathat*, Vol II. Tokyo: The University of Tokyo.

Garfinkel, Y. 2005. Dancing diamonds: In memory of P.R.S. Moorey. *Iran* 43: 117-133.

Heum, M., R. Schafer-Pregl, D. Klawan, R. Castagna, M. Accerbi, B. Borghi and F. Salamini 1997. Site of einkorn wheat domestication identified by DNA fingerprinting. *Science* 278: 1312-1314.

Nadel, D., E. Weiss, O. Simchoni, A. Tsatskin, A. Danin, and M. Kislev 2004. Stone Age hut in Israel yields world's oldest evidence of bedding. *Proceedings of the National Academy of Sciences of the United States of America* 101 (17) : 6821-6826.

Nishiaki, Y. and M. Le Mière 2005. The oldest Pottery Neolithic of Upper Mesopotamia: New evidence from Tell Seker al-Aheimar, the Upper Khabur, Northeast Syria. *Paléorient* 31 (2) : 55-68.

Piperno, D.R., E. Weiss, I. Holst and D. Nadel 2004. Processing of wild cereal grains in the Upper Palaeolithic revealed by starch grain analysis. *Nature* 430: 670-673.

Schmidt, K. 2000. Göbekli Tepe, southeastern Turkey: A preliminary report on the 1995-1999 excavations. *Paléorient* 26 (1) : 45-54.

Stordeur, D. and F. Abbes 2002. Du PPNA au PPNB : mise en lumière d'une phase de transition à Jerf el Ahmar (Syrie). *Bulletin de la Société Préhistorique Française* 99 (3) : 563-595.

Tanno, K. and G. Willcox 2006. How fast was wild wheat domesticated? *Science* 311: 1886.

Valla, F. 1988. Aspects du sol de l'abri 131 de Mallaha (Eynan), Israël. *Paléorient* 14 (2) : 283-296.

谷口康浩 2005「極東における土器出現の年代と初期の用途」『名古屋大学加速器質量分析計業績報告書』16:34-53

西秋良宏・仲田大人・青木美千子・近藤　修・米田　穣・赤澤　威 2005「デデリエ洞窟の発掘調査と文化層序 (2003-2004年度)」『高知工科大学紀要』2:32-64

西秋良宏・仲田大人・青木美千子・須藤寛史・近藤　修・米田　穣・赤澤　威 2006「シリア、デデリエ洞窟における2005年度発掘調査」『高知工科大学紀要』3:135-153

3 上黒岩ヴィーナスと世界のヴィーナス

春 成 秀 爾

1 上黒岩ヴィーナスとその年代

　ヴィーナスについてとりあげますので、本物のヴィーナスの話から始めます。ヴィーナスという言葉は、ローマ時代のウェヌス・ゲネトリクス（出産のヴィーナス）に由来しています。私たちは、旧石器時代のものでも縄文時代のものでもヴィーナスという表現を使います。しかし、これは厳密にいうと俗称であって、本物のヴィーナスはローマ時代に誕生したのに、それ以前のギリシャのアフロディーテもヴィーナスに入れてしまいました。そうこう

図1 「ヴィーナス誕生」 ボッティチェルリ 1486年頃

しているうちに、拡大解釈して、時代を問わず、豊饒の象徴としての女性像をヴィーナスとよび、あるいは美しい現代の女性までヴィーナスとよぶように変わったのです（木村 1982：2〜13）。

　ここに示しているのはボッティチェルリが 1486 年頃に描いた有名な「ヴィーナス誕生」の絵です（図 1）。貝の上にアフロディーテが立っていますが、貝は母親の子宮を象徴的にあらわしています。左の空中から女と身をからませた西風の神ゼヒュロスは息を吹いてアフロディーテを岸に近づけようとし、右の岸からは季節の女神ホラが不死の衣をもって誕生したばかりのアフロディーテを抱え込むようにしています。ボッティチェルリの絵は、ヘシオドスの『テオゴニア』（神統記）にでてくるアフロディーテ誕生の物語にもとづいており、海の泡（アフロス）から生まれたアフロディーテがその後キプロス島に漂着し、さらにオリンポスの神々のところに赴く一情景を描いたものです。

　このようにヴィーナスには誕生のいきさつがあるのに、私たちが上黒岩の線刻礫すなわち石偶に対してもユーラシア大陸の旧石器時代のヴィーナスを連想して「上黒岩ヴィーナス」とよぶと、上黒岩の彼女は恥ずかしそうな顔をするかもしれません。

　上黒岩ヴィーナスは、愛媛県久万高原町（旧美川村）にある上黒岩岩陰にある縄文時代草創期の遺跡から、1962〜1970 年の発掘調査で見つかった線刻表現の石偶のことです（江坂・西田 1967）。実年代は、今から約 14500 年前（紀元前約 12500 年）で、明らかに更新世末に位置しています。

　上黒岩のⅨ層、隆起線文土器の時期の層から、ヴィーナスは 13 点見つかっています（図 2）。すべて薄く平たい小さな円礫を女体にみたてて髪、乳房、「腰蓑」などを線刻してヴィーナスをあらわしています。

　1 は、上黒岩ヴィーナスの代表的な例です。乳房と髪の表現があり、前で二つに分けた髪の毛は乳房のうえにかかっています。そして、腰に 2 本の横線を描いたあと、19 本の縦線をいれており、「腰蓑状の衣類を表現」していると解釈されてきました（江坂・西田 1967:232）。そして、1 の裏側には、ちょっと見た目には気づきにくいですが、×印を入れてお尻の穴を表現しています。

3　上黒岩ヴィーナスと世界のヴィーナス　*41*

×1.42

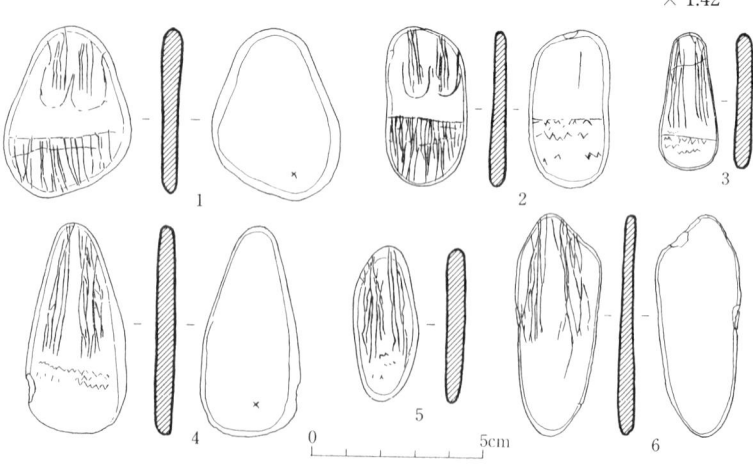

図2　上黒岩ヴィーナス（春成2007）

楕円形の礫を下が膨らむように選んでいるので、肥満した女の感じがよくでています。高さ 4.7cm。

2は、1と同様に、表側は乳房、髪、「腰蓑」を線刻しています。「腰蓑」は横線の1本を鮮明に、のこりの3本は不鮮明にのこしており、そのうえに20本の縦線を彫っています。ところが、さらに裏側にも腰紐の線でしょうか、横に直線1本をいれてその下にジグザグの線を3本横方向に並行して彫っています。しかし、裏側は表側にくらべると全体がすれて、線刻は不鮮明になっています。現在の裏側がすれてしまったあと、ひっくり返して表側に新しく線刻したのではないでしょうか。高さ 4.5cm。上黒岩で乳房を表現している例は3点あります。

3は、二つに分けた髪の毛を下まで長く伸ばしていますが、腰に相当するところに横線1本をいれ、その下にジグザグの線を2～3本描いています。高さ 3.9cm、本当に小さいものです。

4も、髪の表現は同じで、腰にジグザグの線を並行して2本表現しています。裏側には×印を入れて、お尻の穴をあらわしています。高さ 5.9cm。上黒岩でお尻の穴まで表現している例は2点だけです。

5は、裏側に肛門のしるしがないだけで、表側は3と同じく、髪と2～3本のジグザグの線だけです。高さ 4.4cm、これも小さなものです。

6は、前で二つに分けた長い髪の毛の表現があるだけです。高さ 6.3cm。

このように、ここに示した6点だけみても、乳房、髪の毛、腰蓑、そしてお尻の穴まで表現しているものがある一方、ひどく簡略化して髪の毛を線刻しただけのものもあります。高さは 6.3cm から 3.9cm、厚さは 5mm 前後の非常に薄いもので、本当に小さなヴィーナスです。

上黒岩ヴィーナスについては、というと女と認めたことになりますが、乳房の表現のない3～6のようなものまで、女といってよいのかという議論があり、そういう例は少女だとか男だとかいわれたこともあります。上黒岩ヴィーナスのなかには、男も女もいるのか、それとも女の表現を簡略化しただけのことなのか。これは上黒岩ヴィーナスだけをいくら眺めていても決まることではありません。別の方法、つまり比較という観点をもって考察しな

3 上黒岩ヴィーナスと世界のヴィーナス　　*43*

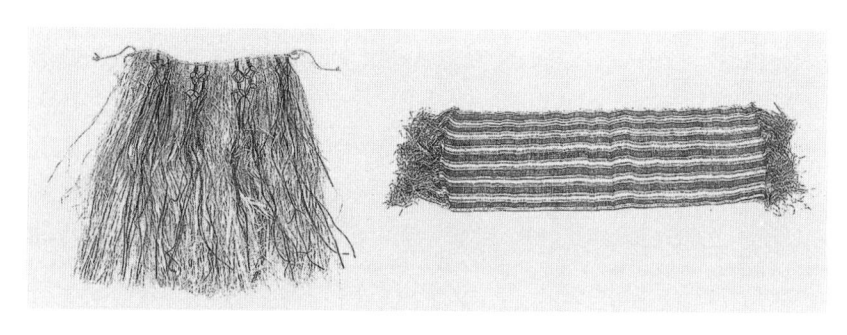

図3　腰蓑と腰巻　ミクロネシア　20世紀前半（加藤編1997）

いと男か女かの問題は解決しません。

　上黒岩ヴィーナスの「腰蓑」を考えるのに、ミクロネシアで昔使っていた腰蓑と腰巻の例を取りあげてみましょう（図3）（加藤編1997：28〜29）。ミクロネシアでは、腰蓑は腰紐に植物繊維をすだれ状に垂らして腰につけているのにたいして、腰巻は植物繊維を編んで横に長い布を腰に巻いています。これを参考にすると、上黒岩ヴィーナスは腰蓑をつけた例と、腰巻をつけた例がある、と考えたくなります。どちらも女であるとすれば、なぜあるヴィーナスは腰蓑をつけ、あるヴィーナスは腰巻をつけているのか。夏は涼しい格好をして冬は暖かい格好をしているのでしょうか。

　上黒岩のある愛媛県の旧美川村は、かつて四国のチベットともいわれたところです。冬に行きますと用事が済んだらさっさと下へ降りてください、とせきたてられます。山の上だから雪がよく降る。それから道が凍ってしまって、自動車がスリップして谷底に落っこちてしまう危険性がある。冬に来るところではありません、ということになります。このように、冬の上黒岩は非常に寒いのです。腰蓑や腰巻ていどではとても生活できなかったでしょう。上黒岩ヴィーナスの腰の線刻の違いは何かという問題が新たに生じてきました。しかし、ユーラシア大陸のヴィーナス像を想いおこすと、すべて裸像であって、腰蓑などを表現した例は皆無であるという事実に気づきます。上黒岩ヴィーナスの腰の線刻は、はたしてこれまでのように腰蓑と考えてよいのか、これまた重要な検討課題だと思います。

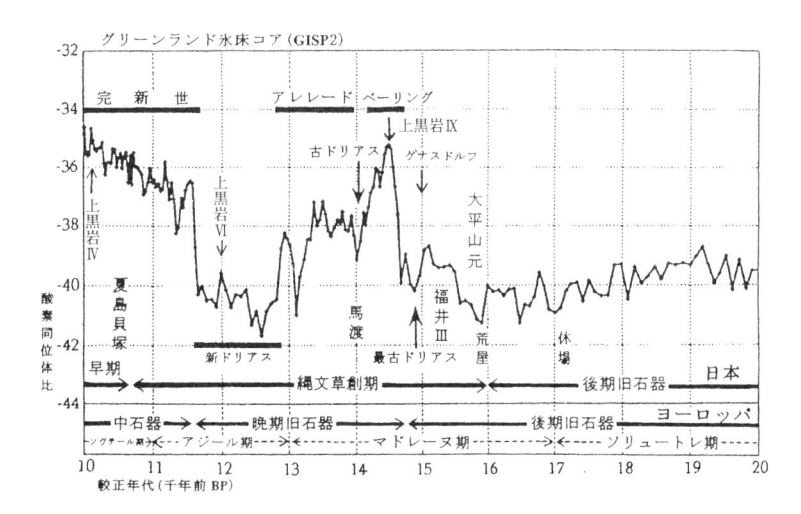

図4 20,000年前から10,000年前までの酸素同位体比の変動（気候の変動）と上黒岩の年代（Stuiver et al. 1995を下図にして作成した春成2001を修正）

　炭素年代を使った気候の寒暖の変遷の研究は、長い歴史をもち、ヨーロッパでは詳細にわかっています。アメリカのM. スタイヴァーらが作った原図（Stuiver et al. 1995）に、私は考古学の情報を書き込んでみました（図4）（春成2001：41）。今から20000年前から10000年前までの間の気候の寒暖の推移と、考古学的な時代区分を示しています。この表では、下は寒く、上は暖かいことを意味しています。約20000年前の旧石器時代は寒い時期がずっと続いています。そしてベーリング期でぐっと暖かくなります。そのあと古ドリアス期にいったん寒くなり、アレレード期に少し暖かくなる、しかしまた新ドリアス期に寒冷化する。そして、12600年前頃を境にして急激に温暖化して、その後、温暖な気候が今日に至るまで続いています。この急激に暖かくなる12600年前を境にして更新世と完新世の境目にしています。

　上黒岩ヴィーナスの年代、つまり上黒岩の隆起線文土器の年代は、今回もう一度、炭化物を使って測定したところ、約14500年前になりました。小野昭さんの紹介で日本でも有名になったドイツのゲナスドルフ（ボジンスキー1991）の年代は、最近では少し古くなり15000年前だとのことですから、上

黒岩より500年ほど遡ることになります。気候の寒暖と対比してみると、上黒岩はヨーロッパのベーリング期の温暖な時期、完新世の温かくなった時期と同じくらい暖かい時期に位置しています。気候、気温の変遷の歴史でみると、人びとが上黒岩を利用したのは、やはり温暖な時期であったことが理解できるでしょう。

　上黒岩は縄文時代草創期に入れていますので、人によっては新石器時代の遺跡であると早呑みこみして、ヨーロッパの旧石器時代にはヴィーナスはあるけれども、日本の旧石器時代にはヴィーナスは知られていないといういい方をします。しかし、縄文土器の始まりの年代を約15500年ないし16000年前とすると、縄文時代草創期はヨーロッパの後期旧石器時代末から晩期旧石器時代と年代的に完全に併行しています。上黒岩ヴィーナスは、ユーラシア大陸へもっていくとまぎれもなくマドレーヌ期に併行する旧石器時代のヴィーナスであるという認識が日本の研究者には必要だと思います。

2　ヨーロッパ・ロシアのヴィーナス

　旧石器時代のヴィーナスは、ユーラシア大陸のヨーロッパからシベリアの範囲に分布しています。その地域的、型式学的なまとまりをみると、フランス、イタリア、オーストリア・チェコ、ウクライナ、シベリアの大きく5つの地域にわけることができます（図5）。

図5　ユーラシアの後期旧石器時代前半のヴィーナスの分布図

上黒岩ヴィーナスを理解するために、大陸の旧石器時代のヴィーナスをいくつかみていきましょう（図6）。
　1はフランスのブラッサンプイで見つかったマンモスの牙製の頭部破片から全体像を私が復元した図で、あとで詳しく説明します。
　2と3はイタリアのグリマルディで見つかった小さなヴィーナスです。2は黒曜石で作った高さは4cm足らず、本当に小さなものです。拡大してみると、リアルに作ってあり、石のナイフや槍先の素材であった黒曜石の小さく硬い塊（分厚い剥片？）をこういう形に仕上げていることに驚きを禁じ得ません。3は滑石で作ったものです。2とくらべると身体の幅が広く、全体の形状が縦に長い菱形をしているのが大きな特徴です。ヨーロッパのヴィーナスにも、このような小さなものが少なくありません。グリマルディのヴィーナスは乳房とお尻だけでなくお腹が前に向かってポコンと突き出しているのが特徴的です。妊娠した女をあらわしているとされる理由です。28000～22000年前とされています（以下、年代はニューヨークのアメリカ自然史博物館の展示説明を採用）。
　4はチェコのドルニ＝ヴェストニッツェの例で、粘土で作り焼き上げた珍しいもので、日本風にいうと土偶です。このヴィーナスの大きな特徴は、セクシュアル・トライアングルつまり「性的三角形」の表現がないことです。脚の付け根にお尻にあわせて1本の沈線をめぐらせたために、それをあらわす場所がなくなったのでしょうか。身体の後ろの線刻が何を示しているのか、これまで説明されたことがありません。私は長い間考えつづけて、これは両腕の表現であるという結論にようやく達しました。両腕をこの位置で身体の前にもっていくと乳房が隠れてしまうので、そうしたくないという理由からとった苦肉の措置でしょう。絵画でいうと、一種の展開画になりますかね。高さは11.5cmです。26000年前とされています。
　5はオーストリアのヴィレンドルフの例で、ブクブクと太った脂肪臀症の女ともいわれた有名なヴィーナスです。頭の表現は目鼻を欠き、髪が鼻の位置までおおいかぶさって抽象的であるのに、性器の表現は写実的です。乳房は巨大で、その上にか細い両手をおいています。ドルニ＝ヴェストニッツェ

1 ブラッサンプイ

2・3 グリマルディ

4 ドルニ=ヴェストニッツェ

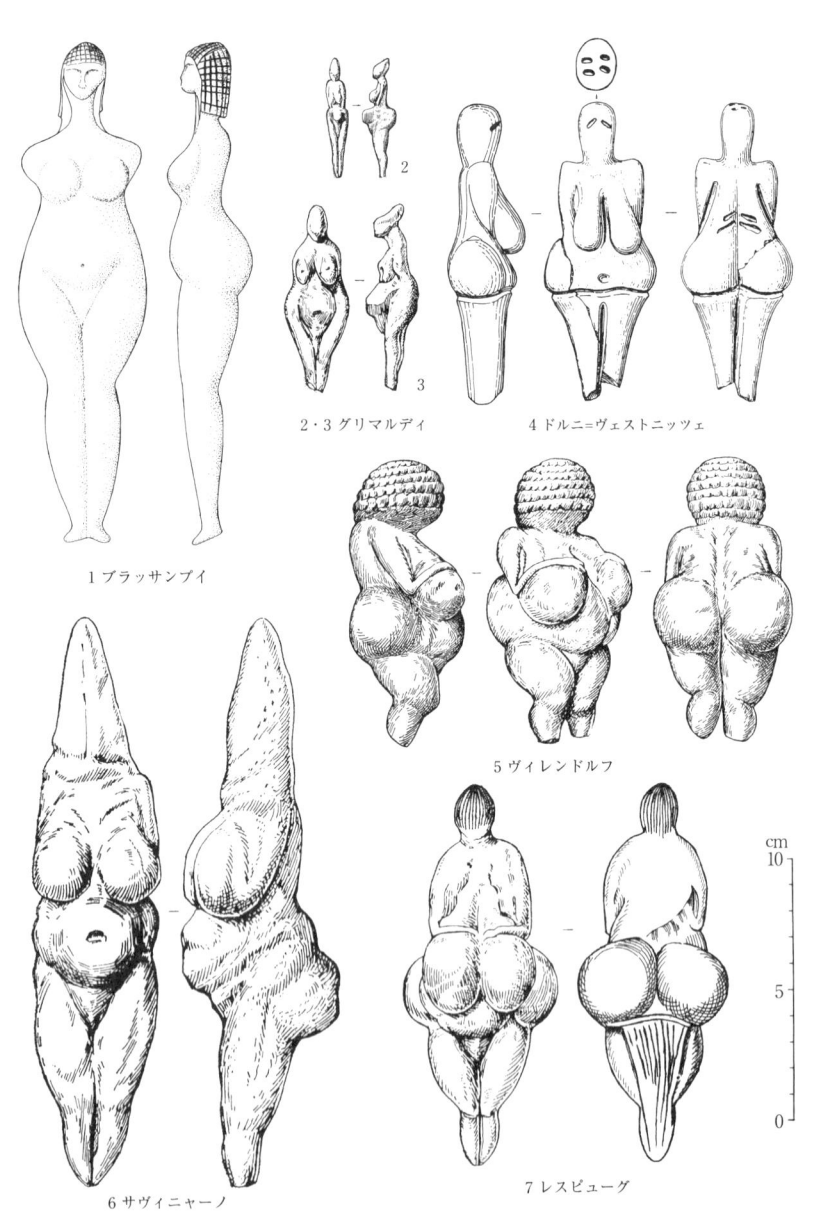

5 ヴィレンドルフ

6 サヴィニャーノ

7 レスピューグ

図6　ヨーロッパの後期旧石器時代前半のヴィーナス
（春成 2007、Abramova 1966、江上 1970、Müller-Karpe 1966）

48

8・9 コスチェンキ

10 ガガリノ

11・12 プレティ

13〜16 マリタ

17〜20 ドルニ＝ヴェストニッツェ

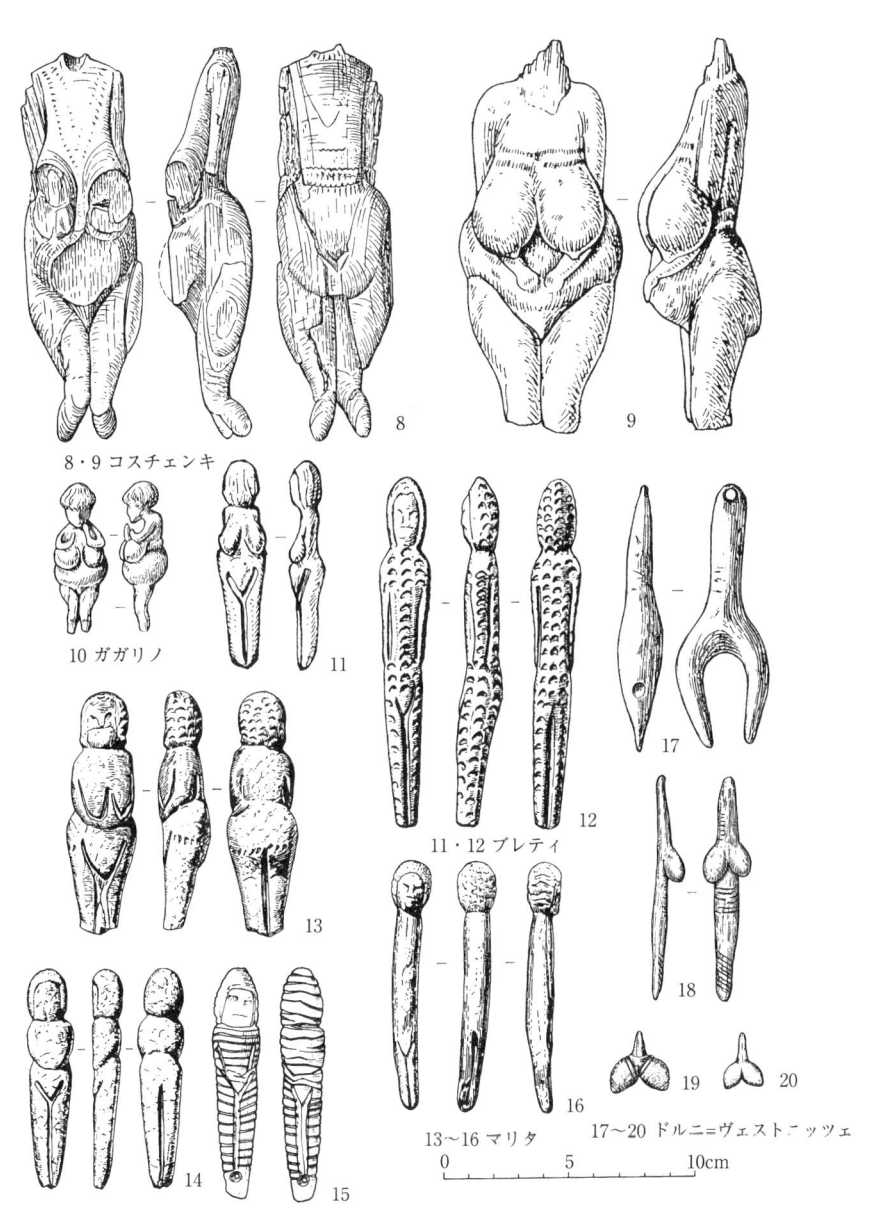

0 5 10cm

図 7　ウクライナ・シベリア・ヨーロッパの後期旧石器時代前半のヴィーナス
　　（Abramova 1966、Müller-Karpe 1966、春成原図）

3　上黒岩ヴィーナスと世界のヴィーナス　*49*

のお尻の上にのっていた両腕を身体の前のほうに移して上手に処理しているといえるでしょう。妊婦の表現ともいわれていますが、出産経験のある女の人に訊くと、妊婦とは認められないとのことです。石灰石製で、高さは 11 cm です。約 25,000 年前とされています。

　6 はイタリアのサヴィニャーノから出てきたヴィーナスです。頭は尖り帽子形で、脚とほとんど同じ形をしています。これを上下・前後逆にすると、頭と足がいれかわり、乳房はお尻になり、お尻が乳房になるという上下・前後対称の造形品になっていることがわかります。蛇紋岩製、高さが 22cm ある例外的に大きなヴィーナスです。

　7 のフランスのレスピューグの例は、ふくらんだ風船のような巨大なお尻と同じ高さまで、これまた巨大な乳房が垂れ下がった表現になっています。そして乳房の上に両腕をちょこんとのせています。その点ではヴィレンドルフの例に似ていますが、身体の前後対称化を進めた結果、乳房の垂下が著しくなってしまったといってよいでしょう。ドルニ＝ヴェストニッツェのお尻とその上の両腕を身体の前にもってきたというと、納得がいくと思います。レスピューグの例で奇妙な表現は、お尻のふくらみの下にある縦に長い三角形でその内部を縦線でうめた図像です。これは何の表現なのか。「腰蓑風のスカート」（木村 1959：101）、「縄のれん状のエプロンのようなもの」（江上 1970：14）という説明がある一方、「10 本の縦線は、子宮から雨のように豊かに降り注ぐ羊水の印象を与えている。この 10 本の線は、子宮での 10 ヵ月の妊娠期間を示している」という、ものすごい解釈（ベアリング・キャシュフォード 2007:8) があります。しかし、スカート説やエプロン説は、それがお尻にまったくかかっていないから無理というものでしょう。この問題を解くヒントは、両腕を前ではなく後ろにあらわしているドルニ＝ヴェストニッツェの例のような前後対称の表現法だと私は気づきました。すなわち、レスピューグのお尻の下の逆三角形は身体の前にある「性的三角形」の面積がせまく陰毛を十分に表現できないために後ろにもってきたのでしょう。レスピューグの例では、成熟した女の証しとして乳房だけではなく、陰毛の存在を必要としたことがわかります。マンモスの牙製、高さは 14.7cm です。24000～23000 年前

とされています。

　次に、ウクライナのヴィーナスを少しみていきましょう（図7）。

　8はコスチェンキⅠのマンモスの牙製品で、高さは現状で15.3㎝、面白いことに、両腕をお尻の上にのせています。25000〜23000年前とされています。

　9は同じコスチェンキⅠの1例です。マンモスの牙製で高さは現状で15㎝です。このヴィーナスでは、両腕を乳房の下においています。こうしてみると、9のヴィーナスは、身体の後ろにあった両腕を身体の前に移すときに乳房の下にもっていったと考えることができます。この両腕の処置の仕方がウクライナと西ヨーロッパとの大きな違いになったのです。

　10はガガリノの1例で、乳房の上に腕をのせています。高さ5.8㎝の本当に小さなヴィーナスです。両腕を乳房の下にもっていくのが原則のウクライナに東ヨーロッパの影響があったことを示唆しています。

　最後に、シベリアのヴィーナスをいくつかみましょう。

　11はブレティの例で、明らかにコスチェンキの系統のものです。乳房はまだ外に向かって張っていますが、下半身はY字形の沈線をいれるだけで、立体感は失われています。

　13〜16はマリタの例で、11のブレティのあとにつづくものです。24000〜22000年前とされています。

　13は乳房は小さくなり張りもなくなり、その下の両腕の表現のほうが目立ちます。

　14は乳房と両腕が一体化して一つの塊状に変化しています。

　そして、16になると、頭のついた棒状で、頭の表現は髪と顔の表現がありますが、乳房と両腕の表現はなくなり下半身にY字形の沈線をいれているだけに変わっています。高さは9.6㎝です。

　12と15は、フード付きで上下つなぎの防寒着を着たヴィーナスとされています。しかし、そうではなく、髪をあらわしていた文様が身体全体に施されているだけであって、この種のヴィーナスもまた裸像であると私は考えています。15の例で注目したいのは、「性的三角形」が身体の前だけでなく後ろにも表現してあることです。高さは9.1㎝、足の部分に孔をあけてありま

すから、護符のように身に着けたのでしょうか、それとも使わないときにどこかにかけておくためでしょうか。

　グラヴェット-コスチェンキ期のヴィーナスの最後に位置するのが、頭・胴・脚の抽象化がすすみ細長い棒に乳房がついているだけの 18 のドルニ＝ヴェストニッツェの例です。そして、さらに極端化して乳房だけでヴィーナスをあらわした 19・20 のような省略型がきます。ドルニ＝ヴェストニッツェからは、棒の先がフォーク状に二つに分かれただけの逆 Y 字形で、乳房の表現が全くない 17 のような例も見つかっています。頭に相当する位置に孔をあけていますからペンダント状にして使ったのでしょうか。

　以上、大急ぎでユーラシア大陸のグラヴェット期およびそれと併行する時期のヴィーナスに目を通しました。西ヨーロッパからウクライナまではヴィーナスが豊満な女性として表現されているという点では共通していますけれども、形はさまざまであることがうかがえました。

　その点に関してルロワ＝グーランの研究は重要な点を明らかにしています（図 8）(Leroi-Gourhan 1968：92)。ヴィーナスはなぜこういう形をとるのか、胴の一番張っている位置に横線を引き、頭の先と足の先までの距離を測ると全く同じであって、全体が長菱形になっています。レスピューグやサヴィニャーノのような乳房とお尻の位置が接近したヴィーナスが誕生した秘密を解く鍵はここにあります。このヴィーナスを作るときは、途中までは頭と足をどちらにもっていってもかまわないような上下左右対称の形を作り、最後に上下を決めて仕上げたからだ、と私は思います。そこで、乳房の位置がお尻の位置とほとんど一緒になってしまった。同じようにヴィレンドルフの豊満なヴィーナスでは、乳房と腰のくびれの位置が一緒になってしまったのですね。ヨーロッパからウクライナの例をみると、すべてこの上下対称の長菱形の原則を守っています。これは非常に重要な特徴だと思います。それぞれの地域で独自にヴィーナスが生まれて、ヴィーナスの広い分布圏ができたのではなく、ある地域で誕生したヴィーナスが各地に拡散していったことを示しているからです。

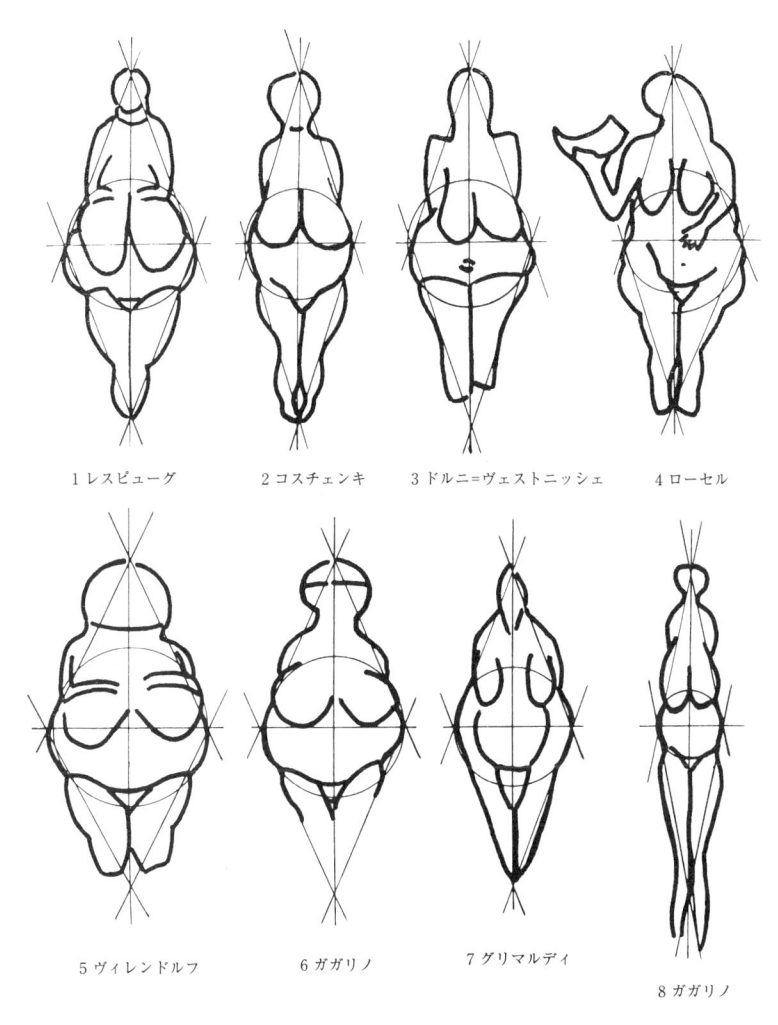

1 レスピューグ　　2 コスチェンキ　　3 ドルニ＝ヴェストニッシェ　　4 ローセル

5 ヴィレンドルフ　　6 ガガリノ　　7 グリマルディ　　8 ガガリノ

図8　旧石器時代のヴィーナスの長菱形構成（Leroi-Gourhan 1968）

3　世界最古のヴィーナス

　フランスの西端ブラッサンプイから1894年に見つかった象牙製の頭部の破片（高さ3.5cm）は、目鼻から髪型をふくむ頭部をリアルに表現していることで有名なヴィーナスです（図9-1）。このように顔や目鼻をあらわした例は稀です。オーリニャック期（約35000〜28000年前）のものとされていますが、

最近では本物かどうかと疑う人もいるそうです（Bahn 1998：82〜83）。それは、1894年に工事中に見つかっており、学者が掘ったのではない。その後これと同じような例が出てこないというのが、その理由です。しかし、拡大写真をみればわかるように、石の刃物で削ったあと研磨して仕上げ、さらに磨滅しています。捏造品は全体像を作るのが普通で、僅か首の部分だけを作ることはまずありません。私は旧石器時代のヴィーナスと考えて一向におかしくないと思います。ブラッサンプイのヴィーナスは、「おちょぼ口を連想させる口許といい、長く細い首といい、すこぶる愛くるしい作品」であるところから「オカッパ頭の少女」ともいわれています（木村 1959：101）。その一方、髪とみないでカプーシュ（頭巾）を被っているという見方があり、カプーシュ夫人（Dame à la capuche）というニックネームがあります。

　ブラッサンプイからは他にもヴィーナスの破片が見つかっています（同2〜5）（Piet 1895、Müller-Karpe 1966：taf.5）。破片だけを眺めていても全体像のイメージがわかりませんので、破片を組み合わせると、どういう形に復元できるかと私は試みました。それぞれ別個体ですが腹部から大腿部、腹部から足先の破片があり、作りは似通っていますので、それぞれの図をコピー機を使って、適宜大きくしながら合体して復元図を作ってみました（同6）。その結果、ヨーロッパのこれまでのヴィーナス像を一変させるようなイメージのヴィーナスが復元されました。高さは21cm、旧石器時代のヴィーナスのなかでは、おそらくサヴィニャーノにつぐ高さで、トップクラスの身長をもち、もっとも美しいヴィーナスといってよいでしょう。乳房の位置がひじょうに高く、お尻の位置も高い。ウェストは高い位置にちゃんとあります。乳房も形がよく丸く、垂れ下がっていない。このヴィーナスはどうみても若い女を表現しています。ヴィレンドルフやレスピューグのヴィーナスは、身体が著しく肥満しており、乳房が異常に垂れ下がりお尻と同じ高さにきているので、旧石器時代のヴィーナスは妊娠した女をあらわしているという通説ができました。しかし、ブラッサンプイのものは妊娠していない、と考えてよい確実な例になるでしょう。

　ブラッサンプイのヴィーナスの髪は、縦の線も横の線も通った格子目に

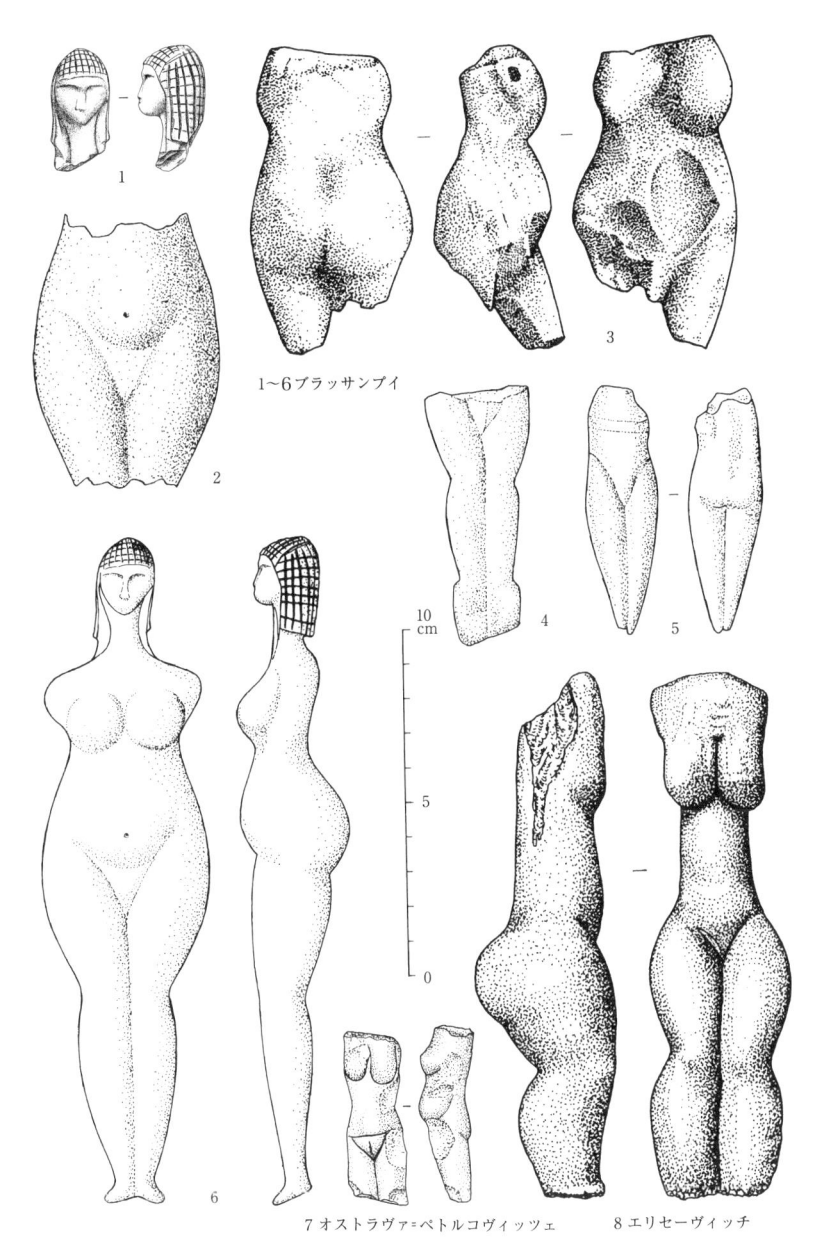

図9 ブラッサンプイのヴィーナス（Müller-Karpe 1966）とその復元図（春成 2007）、オストラヴァ＝ペトルコヴィッツェ、エリセーヴィッチのヴィーナス（Müller-Karpe 編 1966）

3 上黒岩ヴィーナスと世界のヴィーナス 55

なっており、編んだ髪ともされています。ところが、ヴィレンドルフの例は目鼻口は表現せず、髪は水平方向の線は通っていますが、縦の線は横線のそれぞれ下半に刻みをいれているので、縦線は通っていません。その結果、モジャモジャと縮れた髪の感じになっています。髪とみる説について異論もありますけれども、これは頭の上から鼻の下まですべて髪の表現であると私は思います。もちろん、実際には髪が目鼻を覆っているわけではなく、あくまでも記号化した表現です。ヴィレンドルフの髪の表現からブラッサンプイの髪の表現に変化していくとは考えられません。最初にリアルに髪の表現をしたものがあって、それが退化していっているとみたほうがよいでしょう。

　シベリアのマリタで見つかったヴィーナスの頭部破片の髪は、ヴィレンドルフよりさらに変化して顎の位置までおりています。ブラッサンプイが古く、その後にヴィレンドルフ、そしてマリタがくると私は思います。こうして、ブラッサンプイの美しいヴィーナスは、現在知られている最古のヴィーナスということになります。

　ブラッサンプイと似たような例がほかにないかと探してみました。すると、ウクライナのエリセーヴィッチの例が、胴が細く膝から下がひじょうに太いので印象は違いますけれども、乳房、腰のくびれ、お尻をはっきり区別しており（同8）、同じグループにはいる可能性があります。マンモスの牙製で、高さは現状で15cmあります。東ヨーロッパのオストラヴァ＝ペトルコヴィッツェの例は、長い胴をもち、乳房が普通の形をしており、ブラッサンプイに少し似たところがあります（同7）。ヘマタイト製で、高さは現状で5.0cmの小さなものですが、作りは精巧です。これらのヴィーナスが、ヴィレンドルフやコスチェンキの後にくるとは型式学的には考えにくいので、これらが東ヨーロッパやウクライナで最古のヴィーナスになるのではないかと考えたいところです。

　エリセーヴィッチの時期は、エリセーヴィッチ期（Soffer 1985：52～57）つまりヨーロッパのソリュートレ期からマドレーヌ前期併行とO.ソファーは書いていますが、C.ギャンブルはグラヴェット期で33000年前と記しています（Gamble 1982:95）。オストラヴァ＝ペトルコヴィッツェは、グラヴェッ

ト期までさかのぼるものではないともいわれていますが、スヴォボダはグラヴェット期の 24000〜20000 年前としています。これらをブラッサンプイとほぼ同じ時期とみなすことは、まだ保留が必要のようです。

ヴィーナスの起源地については、東ヨーロッパ説（江上波夫）、ウクライナ説（M.C. バーキット）、ユーラシア各地自生説（レーヴィン）が提出されています。ブラッサンプイはフランスの西端に位置していますから、私はヴィーナスの西ヨーロッパ起源説に立ったことになります。

4　ヴィーナスの型式変遷

ヨーロッパ、ロシアの旧石器時代のヴィーナスの型式変遷を示すよい図を見たことがありませんので、私は作ってみました（図 10）。ヨーロッパでは、ブラッサンプイが最古で、その次にグリマルディ、ドルニ＝ヴェストニッツェ、ヴィレンドルフ、レスピューグの例がきます。そして、フランスのテュルザック、イタリアのトラシメノ、ドイツのマウエルンの例は、腹、尻の表現はありますが、頭部の作り出しはなく、小型化と便化が進んでいる点で共通しており、グラヴェット期最後のヴィーナスと考えてよいでしょう。細長い棒に乳房がついているだけのドルニ＝ヴェストニッツェの例、さらに極端化して乳房だけになった例、フォーク状で乳房の表現がない例も、グラヴェット期最後の姿でしょう。

シベリアではマリタの例がヨーロッパのグラヴェット期と併行する時期で、たくさんのヴィーナスが見つかっています。それらを型式学的にならべてみると、最初は乳房、腕、Y 字形に線刻した女性器の表現が明瞭ですが、やがて乳房の表現がなくなり、腕も単なる段をつけるだけ、Y 字形の表現だけがのこります。乳房の表現のあるなしは、女を表現するときの決定的な要素ではないことがわかります。

大分県清川村の岩戸から発掘された「こけし」形石製品は、結晶片岩を加工して頭部をもつ棒状に加工したもので、まさに「こけし」を連想させる形をもっており、報告者の芹沢長介さんは石偶とみなしています（芹沢 1974：7〜10）。これが、ヴィーナスとすれば、形態的にはマリタのものにもっとも

近いですが、かんじんの「性的三角形」の表現がないのが気になります。省略したのか、それとも男根形石製品であるのか、今後の類例を待ちましょう。

　オーリニャック期～グラヴェット期（おそらく約30000～21000年前）のヴィーナスは、このように大きな変化をたどり、ソリュートレ期（約22000年～18000年前）を迎えてユーラシア大陸では、いったんその歴史を閉じます。洞窟壁画を描くこともなくなります。そしてその後、マドレーヌ期（約18000～12000年前）に再度ヴィーナスが現れます。洞窟壁画も復活します。

　マドレーヌ期に再登場したヴィーナスは、グラヴェット期のものとまったく違う形です（図11）。これらのヴィーナスは、基本的に横から見るもので、正面から見ると細長い棒にしか見えません。横から見るとお尻が飛び出したヴィーナスです。ゲナスドルフからは乳房を表現した10のような例と、乳房を表現せず、お尻だけを大きく作った11や12のような例が出土しています。また、8や9のように板石を加工した例は、まったくの側面形だけです。これがユーラシア大陸西端のこの時期のヴィーナスの特徴です。ドイツのゲナスドルフでG. ボジンスキーが研究を進め、ゲナスドルフ型ヴィーナスと命名しました（Bosinski 1974・1991、Höck 1993）。これが約16000～15000年前のヴィーナスです。ヨーロッパの同時期の洞窟壁画のヴィーナスも、側面形が主になっています。

　ウクライナのメジンは、ヨーロッパのマドレーヌ期に併行する時期の遺跡で、多数のヴィーナスが見つかっています（Abramova 1967：148）。アブラモワが論文を発表した当時は、図11の1や2を天地逆にして、空を飛ぶ鳥だと考えていました。幅のせまいほうを尻尾、ふくらんだほうを頭と胴とみたのです。しかし、幅の狭いほうは頭から上半身、幅の広いふくらんだほうは下半身をあらわしていたのでした。また、3も男根としていましたが、現在の目でみるとやはりヴィーナスです。4や5も同様です。メジン型のヴィーナスには、どれも乳房の表現はありません。しかし、腰には三角形で性器を表現し、その横にジグザグ文を線刻してあります。これは上黒岩の腰巻かもしれないとしたのと同じ文様です。実際には腰巻の下に性器は隠れているのですけれども、透視画（レントゲン画）の表現法を使って、見えない下まで

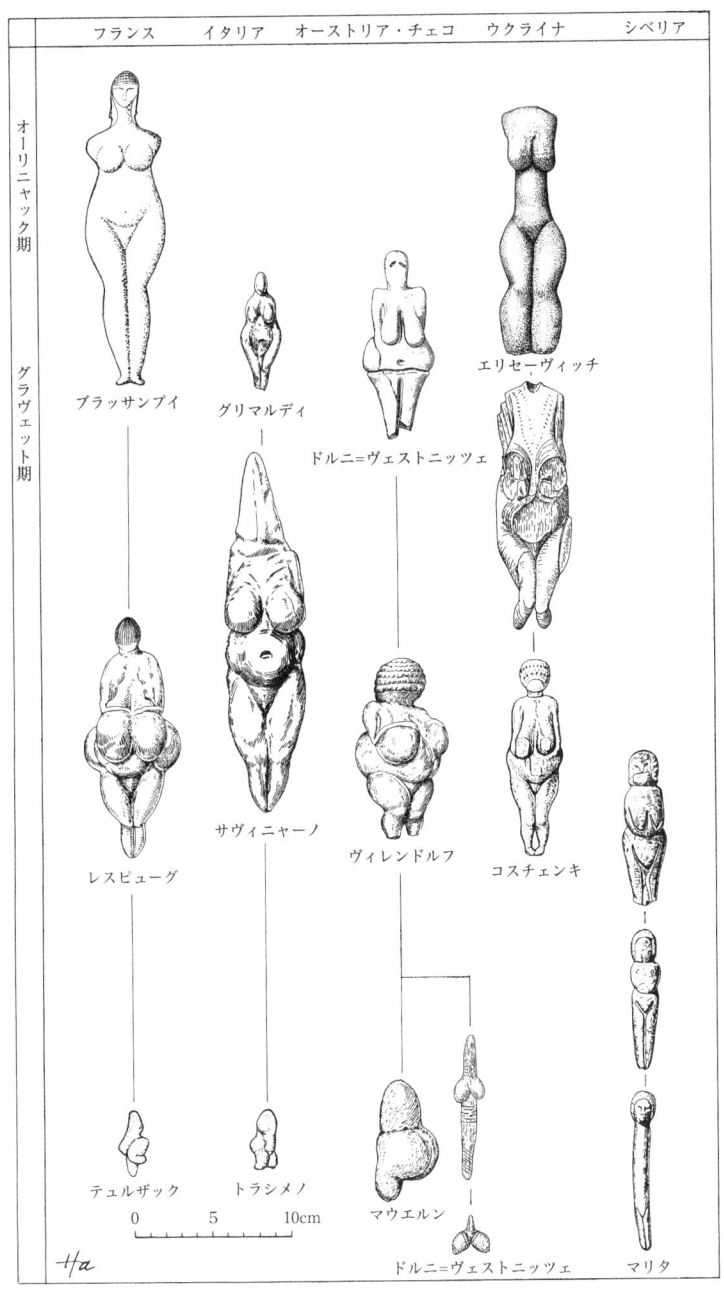

図10 ヴィーナスの型式変遷1（春成原図）

3 上黒岩ヴィーナスと世界のヴィーナス　59

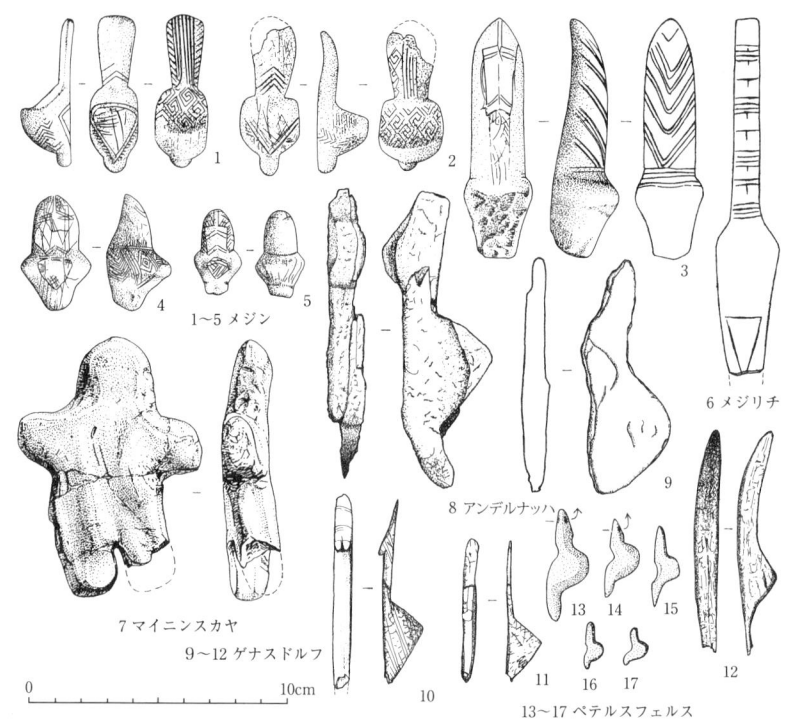

図11　ユーラシア大陸の後期旧石器時代後半のヴィーナス（(Müller-Karpe 1966、Bosinski 1991、春成原図)

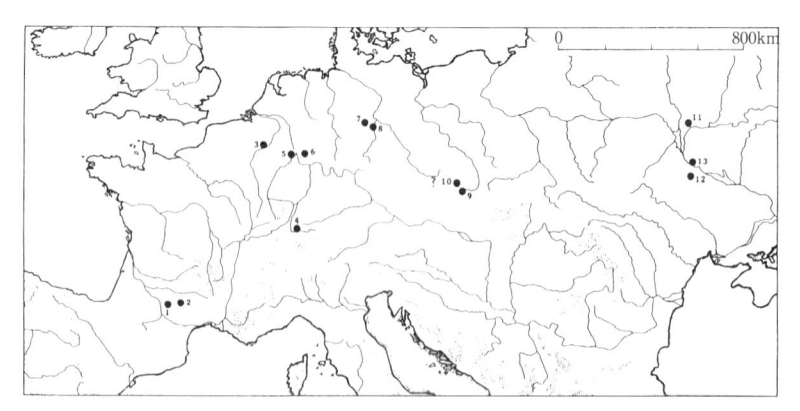

図12　ユーラシア大陸の後期旧石器時代後半のゲナスドルフ型ヴィーナスの分布図
　　　（Bosinski 1991）　1 クールベ　2 フォンテーユ　3 アブリ＝ド＝メガルニ　4 ペテルスフェルス　5 アンデルナッハ　6 ゲナスドルフ　7 ネブラ　8 エルクニッツ　9 ペカルナ　10 ビチ＝スカラ　11 メジン　12 メジリチ　13 ドブラニチェフカ

描いたのでしょうか。それとも……。

　ゲナスドルフ‐メジン型のヴィーナスは、ウクライナから西ヨーロッパの地域まで分布しています（図12）。今回、私はヨーロッパ・ロシアのヴィーナスの図を集めて検討してみました。しかし、グラヴェット‐コスチェンキ期のヴィーナスからマドレーヌ期のゲナスドルフ‐メジン型への変遷を説明することはできませんでした。両者をつなぐ2、3型式がどこかにうもれている可能性もありますが、その一方、グラヴェット期最後のドルニ゠ヴェストニッツェやマリタのヴィーナスの最終形態と、マドレーヌ期のメジンやゲナスドルフのヴィーナスとは、形態的にはつながりませんので、一度消滅したあと、マドレーヌ‐メジン期にふたたび出現した可能性もつよいと思います。

　なお、フランスのロージュリー゠バスのヴィーナスは頭も乳房もないのに、性的三角形だけは鮮明にあらわしているので、これまで「淫猥なヴィーナス」（La Vénus impudique）という名称とイメージだけが独り歩きして、その型式学的位置づけはしないできました。しかし、正面形、側面形ともメジンと共通しており、正面観も重視されている明らかに西ヨーロッパのゲナスドルフ‐メジン型であって、この型式の起源問題と関係する可能性があります。

　上黒岩ヴィーナスはゲナスドルフ‐メジン型と併行する時期の東アジアの例ですが、正面形をあらわしているのはヨーロッパとちがいます。

　上黒岩ヴィーナスでは、男か、女かを問題にしました。すでに取りあげたシベリアのマリタ例では乳房の表現を省略しY字形の女性器だけをあらわした例がありました。このような例は、8、9や11〜17のように、メジン型のヴィーナスにはごく普通にみられます。上黒岩のヴィーナスのうち、髪だけをあらわしている例も、女とみて間違いないと私は考えています。

　ユーラシア大陸では、バイカル湖付近のブレティから出土したヴィーナスがグラヴェット‐コスチェンキ期の最東端の例になります。上黒岩と同じ時期のゲナスドルフ型のヴィーナスの分布も、シベリアのクラスヌィ゠ヤールまでおよんでいます。シベリアでは約15000年前にマイニンスカヤで土偶も知られています（図11-7）。乳房も女性器も表現していませんが、ゲナスドル

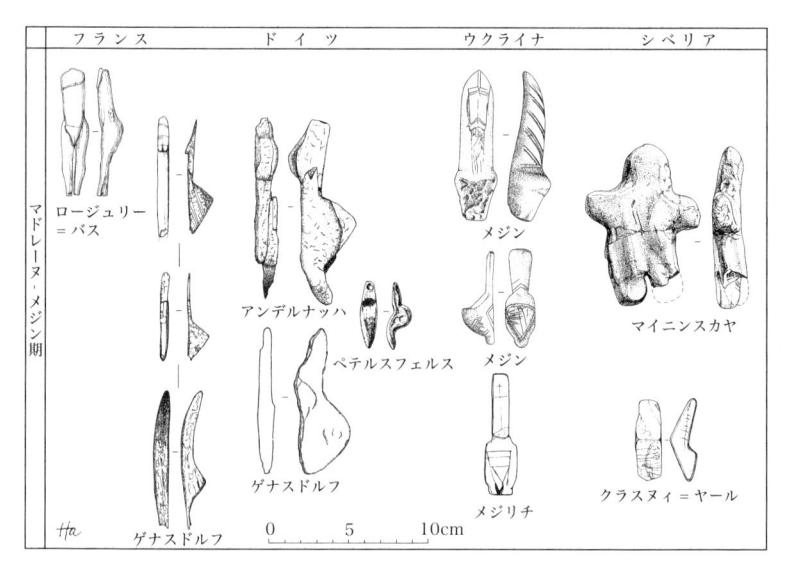

図13　ヴィーナスの型式変遷2（春成原図）

フ型とちがって、正面型である点だけは上黒岩と共通しています。マイニンスカヤはクラスヌィ＝ヤールよりもさらにウクライナよりにありますので、上黒岩ヴィーナスは大陸と関係があるとすると、現在知られている資料とは3000km以上離れています。その間になんらかの関係があるとすれば、もちろん直接的ではなく、隣同士が連鎖的に交流しながら、シベリアと日本列島がつながっているということになります。

5　上黒岩ヴィーナスの位置づけ

上黒岩のⅥ層、つまり上黒岩ヴィーナスの年代より少し新しい約12000年前の草創期末の無文土器の層から長さ24.4cmの細長く扁平な棒状の石の片面に線刻したものが出ています（図14-1）。石は硬質の緑泥片岩で、細かなジグザグ文様を縦に何列にもわたって彫ってあります。

類例がどこかにないものかとミュラー＝カルペのハンドブックを調べたところ、マンモスの肋骨に同じようなジグザグ文（羽状文）を彫った例がチェコのプシェドモスティにありました（同3）（Müller-Karpe 1966：taf.219、Jelínek

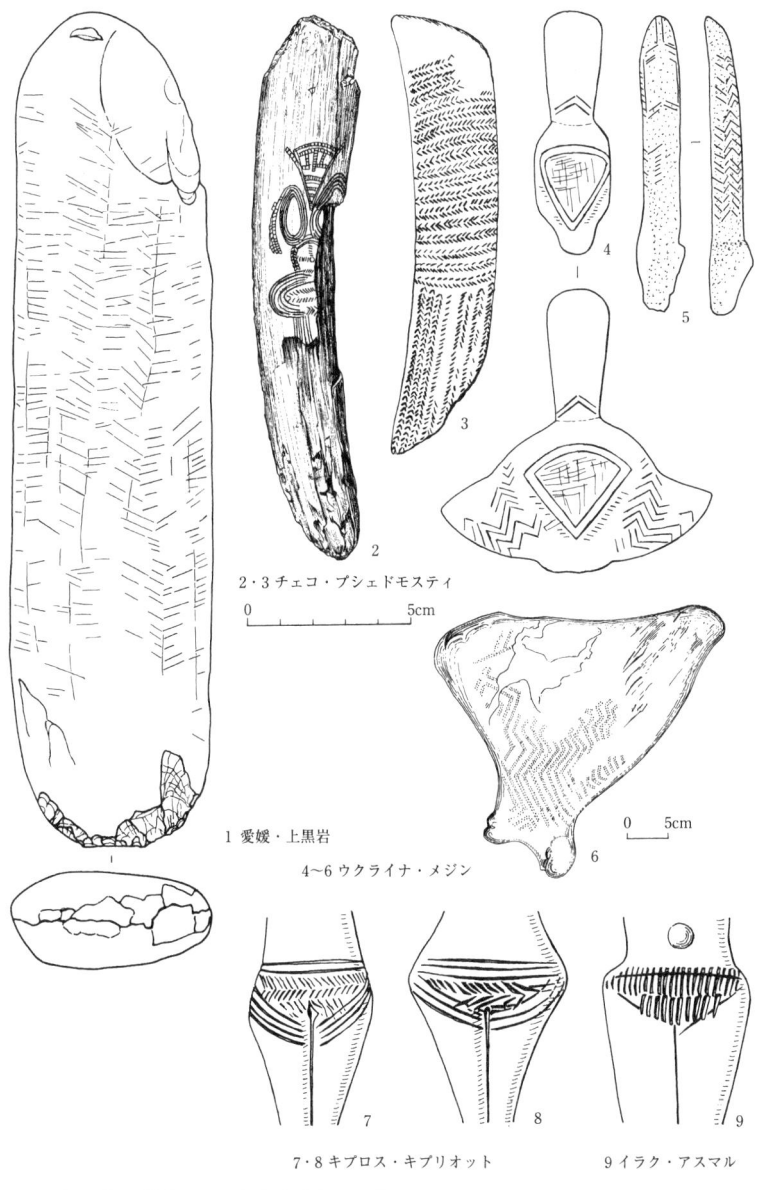

図14 上黒岩の線刻石とジグザグ文の類例（Müller-Karpe 1966、Abramova1966、春成原図）

3 上黒岩ヴィーナスと世界のヴィーナス　63

1975：445)。ジグザグ文を半分は縦方向に、のこりの半分は横方向に展開しています。上黒岩とよく似ていますが、何か関係があるのでしょうか。しかし、プシェドモスティはパヴロフ文化(約23000～21000年前)つまり東ヨーロッパのグラヴェット期の文化に属していますから、上黒岩とは年代がちがいますし、チェコと日本では直接つながるということはありえません。

　プシェドモスティからはマンモスの牙に女性像を線刻した、いわば線刻ヴィーナスも出土しています（同2)。頭・胴・お尻をあらわし、横長の楕円形を描いて腰をあらわし、そのなかを横方向のジグザグ文でうめています。さらに楕円形の下部にも短くジグザグ文をいれています。上のジグザグ文は陰門、下のジグザグ文は肛門をあらわしているようにみえます。あるいは、上は陰毛、下は陰門をあらわしている可能性もあります。そうすると、同じような文様を全面に彫ったさきの骨製品も、女性器をシンボリックに表現したものであって、象徴化のすすんだヴィーナスとみることも可能でしょう。旧石器時代人が、ヴィーナスのもっとも重要な要素を性器であると考えていたことは、洞窟壁画のなかに三角形や楕円形で性器だけを表現した例が少なくないことも、その証拠になります。

　ジグザグ文をいれたヴィーナスというと、旧石器時代ではウクライナのメジンにいくつかあります。「性的三角形」を線刻し、その左右にジグザグ文を展開した例(同4)、上半身をジグザグ文が1周している例(同5)がそれです。同じくメジンからはマンモス象の肩甲骨にジグザグ文を赫土(オーカー)で描いた例が出土しています（同6)。三角形の1辺の長さが37㎝、三角形をした肩甲骨全体が「性的三角形」、ジグザグ文が陰毛をあらわしているとする私の見方が妄想でないとすれば、これはすごい遺物です。

　ジグザグ文の意味がわかりやすい例は、ニューヨークにあるアメリカ自然史博物館の展示で私が見た地中海東端の新石器時代のキュプロス島のキプリオット出土の土偶（後期キプリオットⅡ、前1450～1200年）です（同6・7)。複数の沈線で逆三角形を描き、そのなかをジグザグ文でうめています。一見、パンツ風ですが、陰門を凹んだ穴で表現していますので、ジグザグはヘア、陰毛を強調した表現とみるほかないでしょう。時代や地域を超えて、陰毛を

ジグザグ文で表現する、あるいは陰毛を表現することによって性器をあらわすという心性は共通しています。古代オリエントの地母神（同8）は豊饒のシンボルとして、母性の豊かさを示す乳房とともに、成熟した女性を示す陰毛をあらわしたことを木村重信さんは指摘し、陰毛と陰門とを組み合わせて「性的三角形」をつくることがあると述べています（木村 1994：92）。

　上黒岩に戻りますと、Ⅵ層から出土した棒状の石のジグザグ文も、実は女性器の象徴的な表現のように思えてきます。さらに、最初に腰巻の可能性を考えた上黒岩ヴィーナスのジグザグ文も、陰門または陰毛をもって女性器を表現しているとみたほうがよくなってきます。そのようにみるならば、このヴィーナスの上半部は縦方向の直線で髪をあらわし、下半部は横方向のジグザグ線で陰門または陰毛をあらわすという非対称の対照をもつシンボリズムらしきものの存在を、このヴィーナスの線刻からうかがうことができます。

　さきに、旧石器時代のヴィーナスに腰蓑や腰巻を表現した例は皆無と述べました。そこで、上黒岩ヴィーナスの「腰蓑」を見直すと、縦方向の線をたくさん描く前に、横方向の2～4本の直線を描いているのです。この横線は、いまや陰門とみたほうがよく、ジグザグ文の省略形と考えるべきでしょう。陰門が横方向というと不思議ですが、それを下の口とみれば上の口が横であることから発想すると、横でもよいということになります。そうすると、縦線は腰蓑ではなく陰毛の表現でしょう。このように解釈すると、陰門を縦ではなく横にあらわした理由がみえてきます。陰門と陰毛を区別するために陰門を横線であらわしたのですね。上黒岩でも、陰毛を描くことによって成熟した女を象徴しようとしたのでしょう。

　さて、上黒岩ヴィーナスはすべて石で作ってあります。上黒岩を発掘したのは1961年から1970年まで、今から35年以上前になります（江坂・西田 1967）。それ以降、この上黒岩が属する縄文草創期の遺跡はたくさん発掘されました。しかし、上黒岩ヴィーナスと同じようなものはどこからも出ていません。不思議なことです。上黒岩ヴィーナスは日本のなかでは孤立しています。なぜ、ここからだけ出てくるのか。上黒岩の岩陰に文化的にまったく孤立した集団が1年を通して定住していたとは考えにくく、おそらく冬の寒

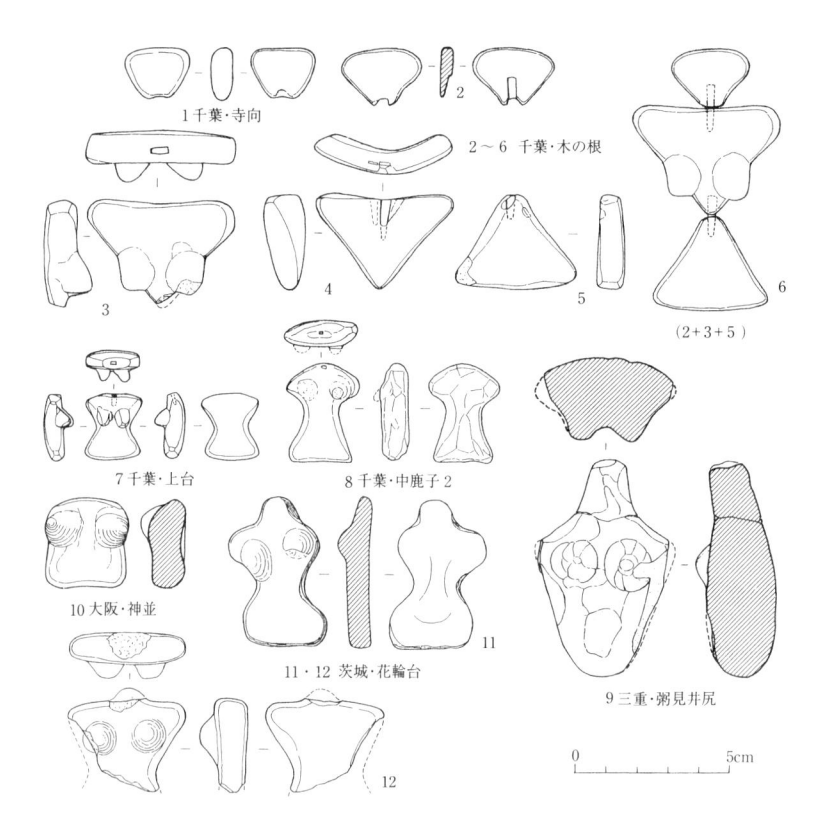

図15　縄文草創期・早期の土偶（春成2007）

い時期は山の下に降りていると思います。だから平地の遺跡から同じようなヴィーナスが出てきてもおかしくはないですが、実際にはまだ出ていません。

　世界的にみると、ヴィーナスはマンモス象の牙や硬い石を研磨して作るのが普通です。上黒岩ヴィーナスの形状を参考にすると、日本では、動物の骨を割って平たい破片を楕円形に加工してヴィーナスを作っていたのではないでしょうか。旧石器時代〜縄文草創期に骨角牙製のヴィーナスが普及していたが、日本では土壌の酸性が非常に強いので、骨製品は溶けて消えてしまった。しかし、上黒岩では骨を石におき換えて作ったので今日までのこった、というのが私の想像です。

上黒岩ヴィーナスの後、土偶が出現します（図15）。その最古例は三重県粥見井尻から出土した土偶で、縄文草創期でも新しい方に属するものです（同9）。関東地方の縄文早期初めの土偶はひじょうに面白い作り方をしています（同1～6）。頭と上半身と下半身を別々に作り、「おでん」のように、串刺しにして全体の形を作っています。組み合わせ式のヴィーナスです。上半身には乳房を表現している例と、表現していない例があります。そして、次の段階になると、上半身と下半身を一かたまりにして作り、頭だけは別につける土偶が、千葉県上台から見つかった例です（同7）。これは高さが僅か2.4cm、本当に小さなものです。その後にようやく、頭から下半身まで一かたまりに作った茨城県花輪台貝塚から見つかった土偶が登場します（同11・12）。上半身・下半身を合体するようになると常に乳房があるというのが特徴です。縄文時代初期のヴィーナスもすべて、小さいのが大きな特徴です。

6　ヴィーナス、子安貝と出産

　ヴィーナスの用途については、「人間や動物の繁殖や生殖に関係のある偶像あるいは護符」（O. メンギーン、S. ギーディオン、木村重信、江上波夫）、種族・血族の祖母神（P.P. エフィメンコ、F. ハンチャル）、家あるいは家族の守護神（J. マーリンガー 1957：143～147）、炉の守護者（S. A. トカリョフ）など、さまざもの説があります。しかし、証明はなかなかできません。

　上黒岩ヴィーナスは高さ4～6cmとひじょうに小さいものです。また、石の輪郭はわかるけれども、刻んである線は細く浅いからほとんど見ることができません。丸い石を拾ってきて彫った時だけは石の削りカスが粉となって線の中に残っていますのでわかりますが、水で洗ってしまい、長い間使っていますと土で擦れ、さらに汚れて線刻がわからなくなります。しかし、それでもヴィーナスだったのです。人間は、こういうシンボリックなものを作るときはその時に生命を吹き込むのです。そして、一旦できあがってしまえば、見えようと見えまいと関係なく、これはヴィーナスであると信じることができれば、それで十分にその役割を果たしました。観賞することを意識してなにも大きいものを作る必要はなく、小さなものでかまわなかったのです。し

1 レ=トロワ=フレール

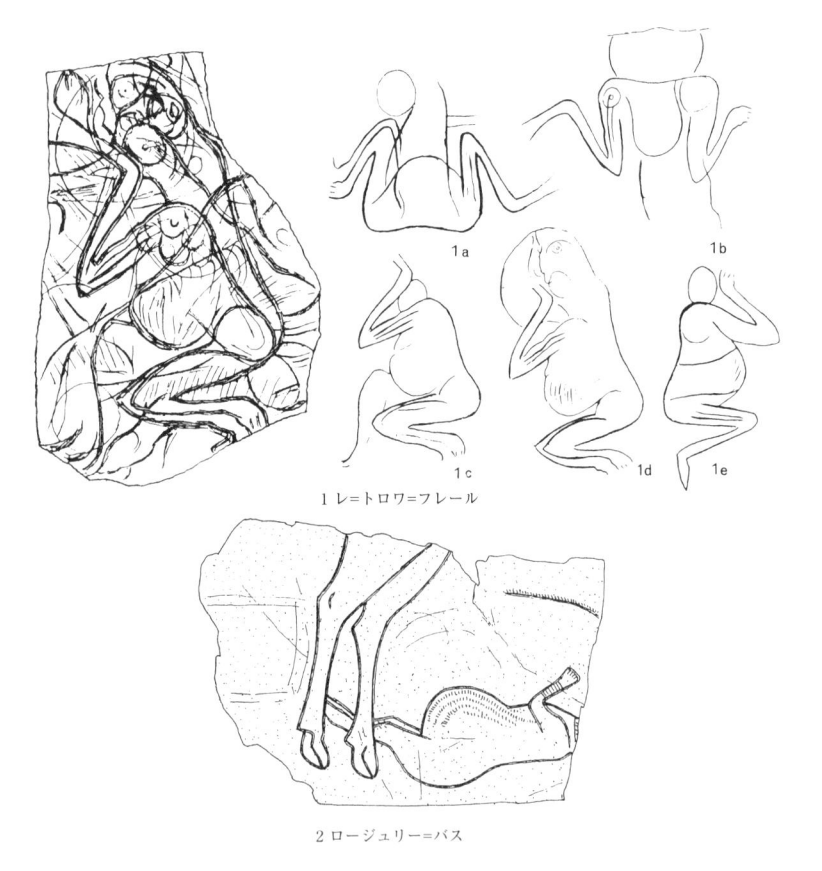

2 ロージュリー=バス

図 16 旧石器時代の出産の図像 (Müller-Karpe 1966)

かし、それにしても上黒岩ヴィーナスは小さすぎます。

　ユーラシア大陸の旧石器時代のヴィーナスも、高さが 4cm から 15cm くらいのきわめて小さいのが特徴です。グラヴェット期の小型で丸彫りのヴィーナスは、「それを握る手にぴったりと合っていた」ことを S. ギーディオンは述べています（ギーディオン 1968 : 437）。つまり、ヴィーナスは握りしめるのに相応しい形・大きさになっているのです。私はそこに注目しました。

　結論を先にいうと、旧石器時代のヴィーナスが小さいのは握りしめる必要から生じたことであって、それは母神像であった。そして、握りしめるとす

68

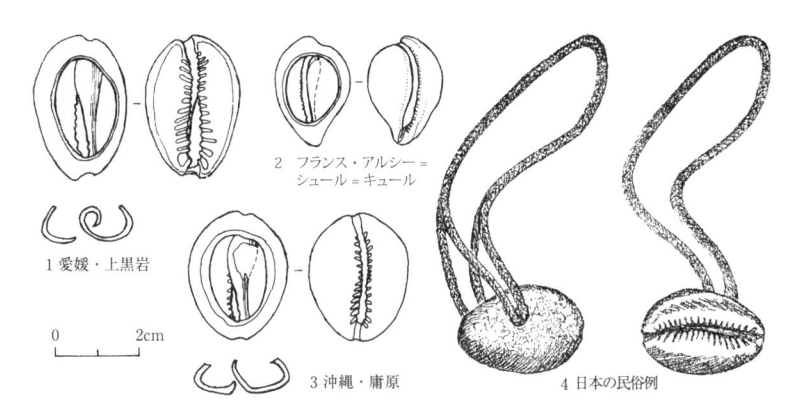

図17 上黒岩の子安貝とその類例（綿貫原図、ルロワ゠グーラン1985、西銘2003、民俗例はアンダーソン1942）

れば、赤ちゃんか、母親ですが、赤ちゃんに握らせるのは難しいので、母親が握りしめるということになります。では何のときに握りしめるのかというと、それは赤ちゃんを産むときを措いてほかには考えられません。

　そこでまた、ミュラー゠カルペのハンドブックをめくって、ヨーロッパの旧石器時代に赤ちゃんを産む姿をあらわしている図像はないかを調べました。すると、フランスのレ゠トロワ゠フレールから見つかった一枚の石板に重ね描きしている例がありました（図16-1、Müller-Karpe 1966：taf.135）。これを一つ一つ分離して図化すると、屈んでいるように見えるし、真上から寝ている女性を描いているようにも見えます。しかし、そうではなく、この女性は寝た状態の妊婦であるというのが、私の理解です。手、お腹、足、すべて同じ図像を重ねて描いているのですね。

　フランスのロージュリー゠バスから見つかった骨の板には、牛の足下に横たわっている女の表現があります（同2）。お腹に毛が生えているようにも、毛皮の服を着ているようにも見えます。しかし、これは赤ちゃんを産む前の女にあらわれる妊娠線ではないでしょうか。

　これらの線刻から、旧石器人は出産につよい関心をもっていた、というよりも出産をひじょうに重要なものとみていたことがわかります。

　上黒岩でヴィーナスが存在するのは縄文草創期の隆起線文土器を含むⅨ層

3　上黒岩ヴィーナスと世界のヴィーナス　*69*

からだけです。そして、その上の縄文草創期の無文土器を含むⅥ層から線刻した石の棒、縄文早期の押型文土器を含むⅣ層から子安貝が見つかっています（図17-1）。子安貝が存在する意味はひじょうに重要だと思います。

沖縄では、赤ちゃんを産む時に母親がお守りとして子安貝（宝貝はその別名）を握りしめる習俗が、20世紀までのこっていました。

子安貝という名前が付いているのは、子どもが安んじて生まれるようにという安産への願いに由来しています。子安貝にそのような呪性があるのは、女性器の形に似ているからです。

その一方、波照間島の近世の庸原1号墓では、子安貝1個を副葬した例が報告されています（同3）。和歌山県田辺市瀬戸遺跡では縄文晩期の女性人骨に子安貝1個を伴った例が知られています。

スウェーデンのJ.G.アンダーソンは、子安貝は女性器を表象し生殖崇拝の象徴物であるというエリオット・スミスの見解を引用しながら、次のように述べています（アンダーソン 1942：413〜425）。

「日本では、子安貝は子どもの生誕と結びつき、この貝に子安貝という特別な名称を与え、妊婦は陣痛中これを掌の中にもっている（同4）。その一方、子安貝は女性のシンボルで生殖の象徴物であるがゆえに、死者葬送儀礼のさいに、死者が新たな世界における生存を確実にしてやるために、生命を付与する子安貝を贈った」と。

人類が子安貝を収集した最古の例は、フランスのアルシー＝シュール＝キュールで見つかっています（同2）（ルロワ＝グーラン 1985：72,75）。旧石器時代後期のグラヴェット期で、子安貝の殻を採集して、その殻頂をこわしています。破損した側からみると、より女性器の形状に似ているからです。旧石器時代例は、フランスのロージュリー＝バス、イタリアのグリマルディでも知られています。A.ルロワ＝グーランも、旧石器時代人によって子安貝が女性器のシンボルと意味づけられていたと考えています。そして、洞窟壁画の女性表現と同一のシンボリズムの存在を指摘しています（同前：75）。子安貝の殻頂の加工は、上黒岩以降の縄文時代や近世の沖縄の例、中国の新石器時代の例と変わるところはまったくなく、世界的な普遍性をもっています。

子安貝の口は、ギザギザになっています。このギザギザが、ヴァギナに似ていることから、世界のヴィーナスの性器の表現としてジグザグ文が発生し共通の意味をもつようになったのではないでしょうか。
　こういうことを想うと、上黒岩ヴィーナスから子安貝へと安産の護符が変化していく、また上黒岩ヴィーナスから土偶へと移行していくとする私の推定も、少しは真実味を増してくるかもしれません。

文献

アンダーソン，J.G.（松崎寿和訳）1942『黄土地帯』座右宝刊行会

江上波夫 1970「東西交渉のあけぼの」『漢とローマ』東西文明の交流1　9～32頁　平凡社

江坂輝弥・西田　栄 1967「愛媛県上黒岩岩陰」（日本考古学協会編）『日本の洞穴遺跡』224～236頁　平凡社

加藤　緑編 1997『ミクロネシア―南の島の航海者とその文化―』特別展図録　大田区立郷土博物館

ギーディオン，S.（江上波夫・木村重信訳）1968『永遠の現在：美術の起源』東京大学出版会

木村重信 1959『原始美術論』三一新書196　三一書房

木村重信 1971『はじめにイメージありき』岩波新書，青807　岩波書店

木村重信 1982『ヴィーナス以前』中公新書641　中央公論社

木村重信 1994『民族美術の源流を求めて』NTT出版

木村英明 1997『シベリアの旧石器文化』北海道大学図書刊行会

芹沢長介 1974「大分県岩戸出土の「こけし」形石製品」（伊東信雄教授還暦記念会編）『日本考古学・古代史論集』1～24頁　吉川弘文館

春成秀爾 2002「更新世末の大形獣の絶滅と人類」『国立歴史民俗博物館研究報告』第90集　1～52頁

春成秀爾 2007『儀礼と習俗の考古学』塙書房

ベアリング，A.・キャシュフォード，J.（森　雅子訳）2007『世界女神大全』I 原初の女神からギリシア神話まで　原書房

ボジンスキー，G.（小野　昭訳）1991『ゲナスドルフ―氷河時代狩猟民の世界』六興出版

マーリンガー，J.（岸田凖一・吉川房枝訳）1957『先史時代の宗教』南山大学考古学

研究所

横山祐之 1992『芸術の起源を探る』朝日選書 441　朝日新聞社

ルロワ゠グーラン, A.（蔵持不三也訳）1985『先史時代の宗教と芸術』日本エディタースクール出版部

Abramova, Z. A. 1967. Palaeolithic Art in the U.S.S.R. *Arctic Anthropology*, Vol. Ⅳ, No.1, pp.1-179. Univ. of Wisconsin Press.

Bahn, P. G. 1998. *The Cambridge Illustrated History of Prehistoric Art*. Cambridge Univ. Press.

Bosinski, G. 1991. The Representation of Female Figures in the Rhineland Magdalenian. *Proceedings of the Prehistoric Society*. Vol.57, Part 1, pp.51-64.

Gamble, C. 1982. Interaction and Alliance in Palaeolithic Society. *Man*. Vol.17, pp.92-107.

Höck,C. 1993. Die Frauenstatuetten des Magdalenien von Gönnersdorf und Andernach. *Sonderdruck aus Jahrbuch Romisch-Germanischen Zentralmuseum Mainz*, 40, pp.253-316, Taf.25-31.

Jelínek, J. 1975. *The Pictorial Encyclopedia of The Evolution of Man*. Hamlyn.

Leroi-Gourhan, A. 1968 *The Art of Prehistoric Man in Western Europe*. Thames and Hudson.

Müller-Karpe, H. 1966. *Handbuch der Vorgaschichte*, Band I, Altsteinzeit. C.H.Beck.

Piet, E. 1895. La Station de Brassempouy et les Statuettes Humains de la Periode Glyptique, *L'anthropologie* Tome 6, pp.129-151.

Soffer, O. 1985. *The Upper Paleolithic of the Central Russian Plain*. Academic Press.

Stuiver, M., Grootes, P.M. and Braziunas, T.F. 1995. The GISP2 delta 18O climate record of the past 16,500 years and the role of the sun, ocean and volcanoes. *Quaternary Research*, Vol.44, pp.341-354.

付記

2007 年 1 月 20 日に歴博フォーラムで発表してから 9 ヵ月、その後もこの問題について考えつづけた結果、私の意見は当日配布した発表要旨とも発表内容とも大きく変わってきましたので、文字化するにあたって現在の考えにもとづいて書き改めました。

4 岩陰・洞窟遺跡調査の意義

阿 部 祥 人

　私に与えられたテーマは「岩陰・洞窟遺跡調査の意義」というものです。はじめに、「岩陰」と「洞窟」についての話から入りたいと思います。岩陰・洞窟という定義は開口部の幅と、その奥の広がり、奥行きとの比の違いでよび変えているだけでして、その幅も奥行きも時代とともに変化することもありますので、両者を厳密に区分するということにはそんなに大きな意味はないであろうと思います。そこで、ここでは「洞窟」と一括して扱わせていただきます。

　さて、洞窟遺跡というのは、その特殊な地形・自然空間を人が利用した痕跡をもつところというふうにいえると思います。そして、自然地形としての洞窟は、大きさ・形・深さ・暗さ等々が千差万別で、大きいものは長さ何kmにもわたるというのは日本列島にもあります。したがって、過去の人びとが利用した洞窟遺跡の大きさ・形等々も非常にバラエティーに富むわけです。ですから、日本に何百とある洞窟遺跡のなかにも、同じような形や大きさをしたものは一つとしてなく、一つ一つにそれぞれの個性がある、と思います。まず、そうした洞窟遺跡の調査に関しまして、日本列島におけるおおまかな流れを追って説明したいと思います。

　日本列島における洞窟遺跡調査は、古く大正年間の1918年柴田常恵によるものが端緒であります（柴田1918）。今の富山県氷見市にある「大境洞窟」という遺跡の発掘が端緒となりました。これは非常に大きな洞窟ですけれども、そのなかに中世、奈良、平安、古墳、弥生、縄文という日本の歴史時代・先史時代の主な時期の層序が6つ重なって累々と発見されたということが、まず注目されました。そして、とくに弥生時代を中心とする埋葬骨が20体

以上発見され、そのなかには抜歯の習俗や、骨に赤色の顔料がついている例などが見つかり（小金井1920）、後の人類学・考古学などにおけるさまざまな議論の始まりにもなった、ということでも有名な遺跡です。その他、1m にも及ぶような大型の石棒などの特殊

図1　大境洞窟（大場 1967 より）

な遺物、それから、石灰質の洞窟でありますので動物骨も非常にたくさん見つかったということで、調査の端緒にして私が今日お話しようと思っている洞窟遺跡の重要性や意義といったものをすでに雄弁に語ってくれているという遺跡です。

　これが 1918（大正 7）年当時の大境洞窟の遺跡とこれを調査した人びとの当時の写真です（図1）。神社の祠がこのなかにあって、それを改修する工事で遺跡であるということがわかったといわれております（八幡 1967）。開口部の幅が 16m、高さが 3m くらい、奥行きがかなり長く 35m もあるそうです。現在、洞窟のまわりの様子は変わりましたけれども、本体はそのまま保存されて国指定の史跡になっています。

　以後、こうした大境洞窟の調査あるいは発見の意義といったものに触発されるような形で、全国で洞窟遺跡が数多く調査されるようになりました。そして、日本での洞窟遺跡の調査は、一つのピークを迎えます。それが、1962年に日本考古学協会が「洞穴遺跡調査特別委員会」という組織を発足させ、3 年間にわたり全国規模で洞窟遺跡を調査した活動にむすびつきました。その集大成が、平凡社の『日本の洞穴遺跡』という大部の書と、いうことになります。この本のタイトルでは洞穴遺跡となっておりまして、その当時の洞窟遺跡はほぼ全部「洞穴」というふうに表示されていますが、私は洞穴も洞窟も同義と考えております。この活動では 300 カ所を越す日本列島の洞窟遺跡の全国的な傾向、時代性や大きさやその成り立ちといったものが、全国の考古学者によって集成されており、大変貴重な成果とみることができると

74

思います。そのなかで、当時この委員会の委員長を務められました八幡一郎さんが最後のほうで総括的な記述をされているのですけれども、全国的津々浦々に見つかるなかで、時期的にも多岐にわたり、多様な痕跡を残す洞窟があるなかで、「時期的には縄文時代早期あるいは後・晩期のものが特に多い」という傾向がすでに示されています。また八幡さんは「気候や建築技術の条件から早期人は洞穴をしばしば家にした」、というような表現とともに、「同時に墓としても利用した」と、洞窟遺跡の機能・性格について一つのまとめをされています（日本考古学協会洞穴遺跡調査特別委員会編　1967）。

　その後、70年代以降に考古学者・人類学者によりまして、この60年代にまとめられた洞窟遺跡の時代性や性格が整理しなおされた結果、長崎県の福井洞穴などごく一部の洞窟遺跡以外には旧石器の遺物を出す、旧石器時代に属する洞窟がほとんどないということ。さらには、日本列島での洞窟遺跡の出現の傾向というのは、縄文時代草創期、上黒岩遺跡がその代表になるかと思いますけれども、縄文時代の草創期、早期から急増するという傾向がはっきりとみえてきたわけです。つまり、旧石器に属する洞窟遺跡がほとんどないということは日本列島における先史時代のオープンサイト（開地遺跡）の分布と比べますと、連続性という点で非常に大きな違いがあると考えられます。オープンサイトの場合ですと、旧石器から草創期・早期というように時期的にほぼ連続して認められる。あるいは地域的な分布もそんなに隔たりがないわけですが、旧石器時代の洞窟遺跡と、それ以降の縄文時代草創期、早期の状態とを比べると大きな断絶がみられるというふうに私はとらえております。そういったことで旧石器時代の資料について少し考えてみますと、日本列島には旧石器時代の石器あるいは焼礫などはたくさん見つかります。それらは、ほとんど全部石製の遺物なわけです。ところが、当時の人びとが捕獲対象としたであろう後期更新世、旧石器時代と同時代の動物骨が一緒に出ることはほとんどない。それから、旧石器時代の遺物を残した人たちの人骨も一緒に出ることがほとんどない。この３種がセットになって見つかる遺跡が日本列島にほとんどないという、研究上の資料のバランスが非常に悪いということが指摘できると思います。そういったことで、総合的な旧石器時代

研究のために、これら3種の遺物あるいは化石といったものが何とか一緒に探せないかということで、我々は1995年、今から10年ほど前から石灰岩の洞窟を狙った調査をいくつかおこなっております。石灰岩の洞窟であれば、先ほどの3点セットのうち消えてしまった人骨や動物骨が石器と一緒に発見される可能性が高いであろうと考えたわけです。

　最初の数年間は岩手県の北上山地で、東北大学医学部の百々幸雄さんたちと、主にアバクチ洞穴や風穴洞窟という遺跡を調査いたしました（百々ほか 2003）。アバクチ洞穴の調査結果から申し上げま

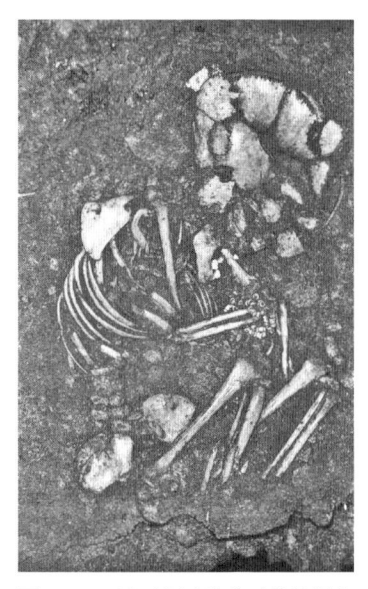

図2　アバクチ洞穴弥生時代幼児人骨の埋葬状態

すと、旧石器の時代の層はこれらの遺跡では発見できませんで、その代わりといいますか、まさに洞窟調査の意義を示すような重要な発見がいくつかありました。その一つが、この弥生時代の幼児骨の発見であります。幼児の埋葬された人骨のほぼ全身骨格が発見されました（図2）。これは、人類学者の形質学的な検討によりますと、北上山地という東北の北のほうの山地にありながら、渡来系弥生人の形質が色濃くでているということで非常に注目されています。渡来系の人びととの人骨というのは西日本に多く分布するなかで、すでに東北北部の北上山地にもそれに近い形質の弥生人がいたというようなことがわかったのです。その他、この子どもの右の腕に、貝で作った69個の玉を丁寧に繋いだ腕輪が発見されたりと、特殊な遺物の発見もありました。そのほか、このアバクチ洞窟では縄文時代の層にも遺物・遺構がたくさん見つかりまして、クマの骨が最小個体数13体分出土した特殊な遺構も検出されております。この遺構からは、石とクマの骨が混在し、それに土器も一緒に出土しており、アイヌの人たちのクマ送りに類したような活動が推定でき

るのではないかということでも注目を集めております。そういったことで、アバクチ洞窟では旧石器時代の層には残念ながら当たりませんでしたが、洞窟遺跡特有の豊富な、あるいは特殊な遺物を得ることができたわけです。

また、これとほぼ並行して、同じ岩手県大迫町の北上山地でほかの洞窟遺跡の調査もい

図3　風穴洞穴の縄文時代包含層（上の黒い部分）と下部の層

たしました。風穴洞窟といいます。入り口が非常に小さくて、なかはほぼ円形の広い部屋になって、天井はドーム状の居住性のいい洞窟です。やはり、ここでも上部に縄文時代の黒い包含層が約1m堆積しています（図3）。とくに真っ黒いところに、縄文時代の遺物とともに動物骨が豊富に発見されました。その下に黄色い土が分厚く堆積しているのですけれども、そのなかからは、後期更新世の動物骨がたくさん見つかったことから、旧石器や旧石器時代人骨発見の期待が高まったわけです。石灰岩の洞窟では鍾乳石が天井から、つらら状に垂れ下がるとのがよくみられますが、ここには石筍（せきじゅん）といいまして鍾乳石とは逆に、床から、洞窟の底面から上に、たけのこのように伸びる特殊な堆積も見つかりました。ということで、このフロアというのはごく古く、この洞窟が形成され始めた頃の年代を示すのではないかと考えています。この洞窟の上層の黒い土、これは1～3層に分けられますが、ここでは完新世の豊富な動物骨、大型、中型から小型のネズミの類までが発見されました（河村 2003）。さらに重要なのが、下部の4層以下の黄色い土のなかから、絶滅動物のゾウやヘラジカを含む大型獣と、これと同時代に生きた、これにも絶滅種があるようですけれども、ネズミ、モグラなどの小動物も大量に見つかりました（図4）。また、ニホンザルをはじめ、アナグマ、ヘラジカといった大型・中型の動物骨も非常によい保存状態で発見されてお

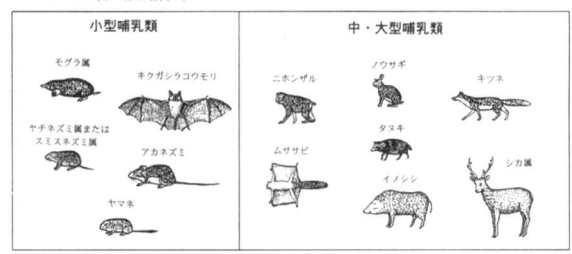

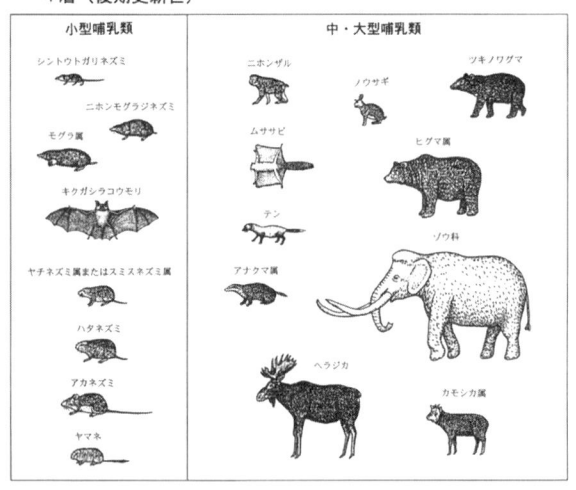

図4　風穴洞穴出土の層位別動物種（河村 2003）

ります。なかでもこの4層からは、ゾウの大腿骨が出土しまして（図5）、いよいよ旧石器の発見への期待が高まったわけです。

しかし、残念ながら結果的には、ゾウの大腿骨と共存する旧石器のかけら一片もでませんでした。アバクチ洞窟、風穴洞窟とも、この黄色い土、そして上層の縄文時代の黒い層もすべて水洗選別といいまして、約2mmのメッシュにかけて水で洗って小さな遺物の検出に努め、この洞窟の堆積物がほぼ空になるまで徹底的に発掘をいたしましたけれども旧石器は検出することができませんでした。

この風穴洞窟の調査が終わった後も、さらにあきらめずに絶滅動物のオオツノジカ（図6）の化石の出土地を探るために青森県下北半島東端の尻屋崎にフィールドを移して調査を開始いたしました（阿部2005）。その結果、色々なことがわかったわけですけれども、その一つが、このあたりには石灰岩が分布し、その採掘のためのトンネル工事のときに、先ほどのオオツノジカをはじめ、ナウマンゾウなどを含む動物化石が大量に出たということをつきとめました。古生物の方では著名な化石資料の産出地であったようですけれども、我々は知らなかったわ

図5　風穴洞穴出土のゾウの大腿骨

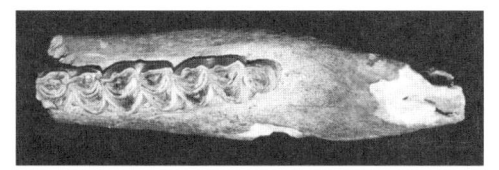

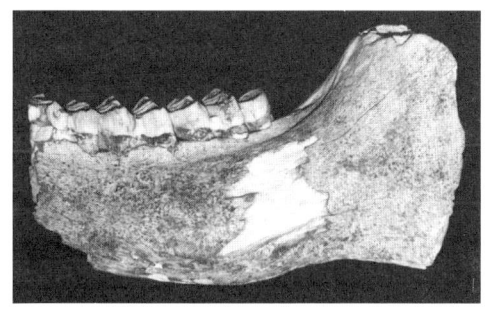

図6　尻労出土のオオツノシカの左下顎骨化石

けです。それからもう一つわかったことは、我が国での旧石器の研究が始った当初から著名な物見台という遺跡が、海岸線の標高が数メートルのところにあって化石群の出土地に非常に近いところにあるということでした。さらにもう一つ重要な結果といたしまして、これまで知られていなかったのですけれども、オオツノジカなどの化石群が出た地域の太平洋に面した砂浜には、物見台と同じようなナイフ形石器をはじめ、細石刃、尖頭器といった多様な旧石器類が豊富に分布しているということが、我々の踏査によってつきと

めることができました。絶滅動物の化石群の出土地と旧石器の遺跡群がかなり近いということで、様々な期待をこめて、桑畑山という石灰岩でできている山の南麓付近を細かく調査いたしました。その結果、その山の山麓にあけられたトンネルの周辺の南麓に合計 6 つの洞窟を発見いたしました（図7）。これらは、ごく小さいものから、奥に深く伸びるもの、また内部が真っ暗でそとの光がほとんど届かないものまで、実に多様なものです。

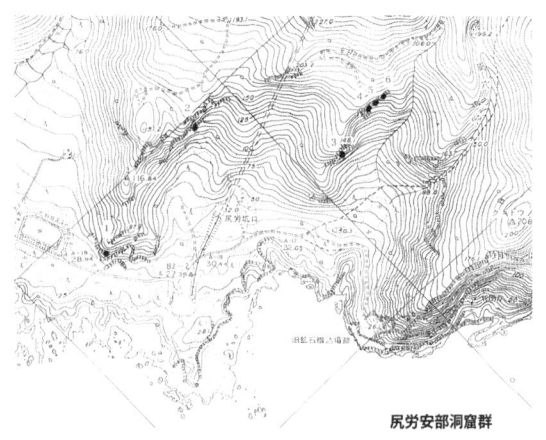

図7　尻労安部洞窟の位置（左側の丸印 1）

そのうち、5 つは遺跡である痕跡は発見されておりませんが、標

図8　尻労安部洞窟（中央下部）

高が一番低い 30m ちょっとのところにある洞窟では縄文時代の土器や骨を大量に発見することができて、現在まで連続して 7 年ほど調査を続けております。尻労安部（しつかりあべ）洞窟といいます（図8）。これは地元の高校の先生が 50 年以上前に生徒と一緒に試掘をしたことあるとのことでしたが、遺跡としては未登録だったのですが、その時すでに尻労安部洞窟という名前

が付けられていました。

　この尻労安部洞窟は、もうちょっと下ると海岸になるというところに位置しております。開口部が高さ・幅とも2mほどの非常に小規模な洞窟でして、今の前庭部のあたりに遺物がかなり厚く堆積しているということがわかりました。1層2層に縄文時代後期、4層に縄文早期にあたる遺物群、年代は8700年くらいです。その下に6、7、8層のほぼ無遺物の層を挟んで、9層から12層にかけては、動物骨片がわずかずつ含まれております。12層は23000年、13層が33000年ということですので、これらは後期更新世に属する年代で、遺物が出れば旧石器ということになるということで、この点からも期待が高まっているところであります（図9）。

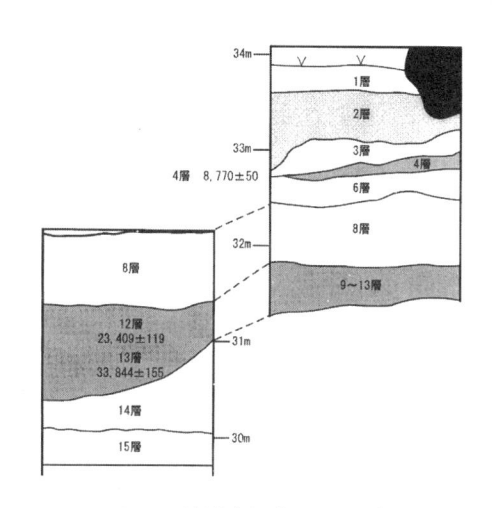

図9　尻労安部洞窟の層順と年代

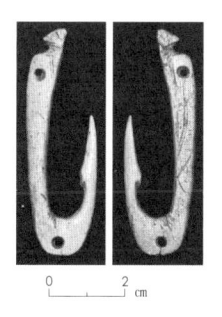

図10　2層出土の骨角器

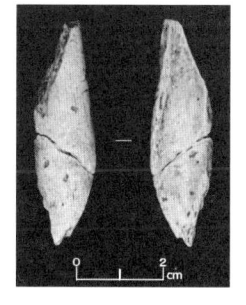

図11　12層出土の骨器（？）

　これまでに、発見されたものは、上層に子どもの、乳児か胎児の骨、これは縄文時代の後期くらいのものですが、それと、やはり縄文時代の先ほどの骨とほぼ同時期の非常に特殊な遺物、釣り針なのに上と下に孔があるという特殊な遺物でして、これまでには例がないような骨角器です（図10）。これもやはり、石灰岩の洞窟ならではの出土例だろうと思われます。そのほか、これはこの後に発言があると思われる慶應大学の佐藤孝雄さんにまとめても

4　岩陰・洞窟遺跡調査の意義　　81

らったものですが、各種の動物骨、魚類、脊椎動物、哺乳類、二枚貝といった貝類を含め、非常に多様な動物骨が見つかっております。とくに、魚貝類は非常に保存がよく、これらの資料からわかることは、縄文時代の後期ころの環境は、現在とよく似ている、つまり海洋環境が現在とあまり変わらないのではないかというふうにきいております。それから、これは各種の動物骨ですが、これは山や平野部から得られたもので、完新世の動物骨も非常に保存がよく、そのほか鳥類とか貝類も大量に発見されております。

そのほか石器も彫器と思われるもの、スクレーパー、石錐、こういった縄文時代でもやや古いタイプの石器も4層から得られております。ですので、4層のはるか下の12層・13層が旧石器を含む可能性というのは高いのですが、現在のところ、道具類は未発見ということになります。そんななかで、調査中に色めき立ったのは、12層から出ました数点の骨片です。これらで年代測定をした結果、23000年だったわけです。そのうちの1点は、ナイフ形石器のブランティングに相当するような部分に、折ったような痕・削いだような痕があることから、発見当初は、旧石器時代の骨器かなということで期待が高まりました。これはその表と裏なのですけれども（図11）。その両面を後に研究室で拡大して観察したところ、残念ながら全面がほぼ同様に摩滅していることがわかりました。午前中お話をされた小野昭さんがその著書（小野2001）で述べている、自然物と人為物の中間で、グレーゾーンというふうに彼は表現していますが、そこに入ってしまって、加工品という認定が困難になっております。同様なものがあと何点か出ればもっと評価が高まるところですが、ただ1点だけですのでなんとも判定し難いというところです。そのようなことで、努力は続けているのですが、石灰岩の洞窟でもなかなか目的のもの、旧石器時代の道具や人骨が見当たらないという研究段階なわけであります。

最後に、本日紹介しました3つの洞窟や他の諸先輩がかつて掘った洞窟遺跡の様相、あるいは私自身も学生時代から諸外国で何カ所も洞窟遺跡を掘っていますけれども、そういった経験も基にしてモデルを作ってみました（図12）。横軸が空間、縦軸が時間の流れをあらわし、より下層に古いものが堆

積している、という状況をあらわしてみました。そして洞窟を利用した過去の人びとの活動を、居住活動と、短期の、ほんのちょっとだけ入るという活動、それから埋葬や祭祀といった特殊な活動とに区分しました。つまり、非常に遺物の量が多い場合はかなり長期の居住を示している可能性が高いし、そうではない短期の活動痕跡や、また埋葬された人骨が出るというのは墓を掘った活動などと、さまざまなものが混在しているのではないか、そうした成り立ちが洞窟遺跡の特徴ではないのかと考えられるわけです。それらが、それぞれの層位と、空間的な広がりもちながら、このモデルのような残り方をするだろうと考えたわけです。そして後に、堆積が重なっていくうちに、上のものが下におちたり、あるいは奥のものが前へ押し出されてきたり、といった動きが多少ともあったとしましても、かつての人びとの活動域を示すような空間的範囲と、時間的な順番を示すような相対的位置が、よくパックされて残っていると、いうのが洞窟遺跡の特長だろうと思われます。

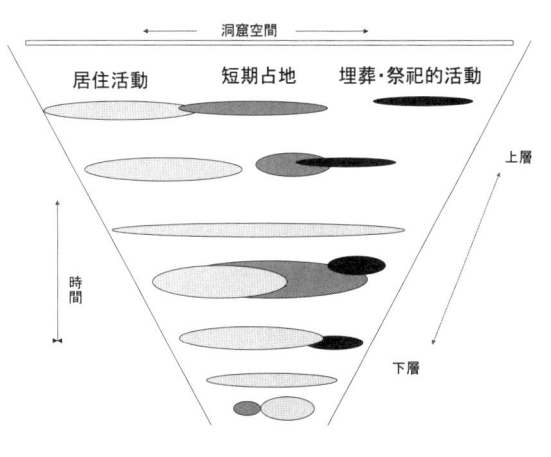

図12　洞窟利用のモデル

　洞窟遺跡の特長をまとめます。まず何といいましても、とくに石灰岩の洞窟であれば動物遺体・植物遺体の残存率が非常に高い。開地遺跡や場合によっては貝塚よりも残りがよいため、当時の活動や環境の検討がしやすい点があげられます。それから、このモデルに示しましたように、包含層が累々と重なる、そういったことで編年、時代を決めていくのに非常に適している。それから、遺跡空間が開地遺跡、台地上や平原の遺跡と違って、暗さとか機密性があり、そういったことから特殊な活動、祭祀とか墓地にするとかといっ

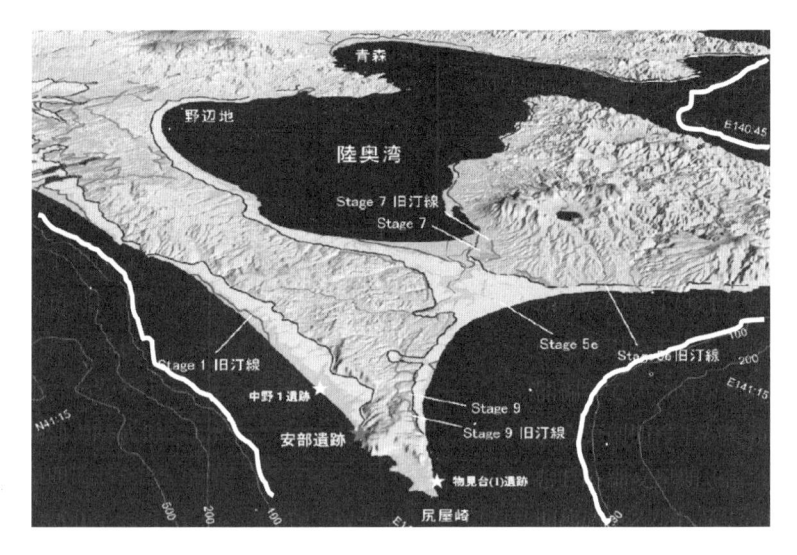

図 13　100m の海面低下時の想定海岸線（小川・町田 2001 に加筆）

た活動に結びつくのではないかと思われます。それから、他の動物から身を守るとか、また雨露や寒さから守るとか、そういった空間の快適性といったものも洞窟遺跡の特長としてあるのではないかと考えられます。

　そういった洞窟遺跡の特長をふまえたうえで疑問が出てくるのは、先にも述べました、日本列島では旧石器の開地遺跡は山ほどあるのに、なぜ洞窟遺跡がほとんどないのか、という点であります。縄文時代の草創期、早期から急増するのはなぜなのか、といったことで、洞窟遺跡が重要であればあるほど、やはり旧石器時代の遺物と人骨を含んだ遺跡が、望まれるわけですので、なぜだろうかということを考えてみました。

　その答えの一つのヒントというのが、先ほどの下北半島の東端のこの辺の地形にあろうかと思います（図 13　小川ほか 2001）。物見台遺跡をはじめとして、中野 I 遺跡を含む旧石器をたくさん出す砂浜の遺跡群というのも、標高ゼロから数メートルの海岸線ぎりぎりの地域です。そういったことで、最終氷期、後期更新世、旧石器時代の海面の低下と結びついた解釈ができないかということを考えてみました。たとえばこの図 13 の範囲で 100m 程度の海

面低下があったとすれば、当時の旧海岸線は太く示された白いラインのあたりになります。したがって、この遺跡の付近は、当時は大平原で、今の陸奥湾は大きな盆地をなしていた、ということになります。もし旧石器時代の洞窟があっても、この安部遺跡よりも低いところに位置していれば、もはや洞窟遺跡にある旧石器の遺物や人骨は海中に没しているとい考えざるを得ないわけです。この地域がやや特殊なのかもしれませんけれども、面積のわりには海岸線が長い日本列島の大半のところで、こういった海面の低下というのは議論されているところですので、縄文時代の始まりといったヒトと環境を考えるこのフォーラムでは、こういった情報も一つのヒントにはしていただけるのではないかということで、提示申し上げました。

文献

阿部祥人編 2005『下北半島石灰岩地帯における洞窟遺跡の調査』慶應義塾大学民族学考古学研究室

大場磐雄 1967「日本における洞穴遺跡研究史」『日本の洞穴遺跡』平凡社

小川一之・町田　洋編 2001『日本の海成段丘アトラス』東京大学出版会

小野　昭 2001『打製骨器論―旧石器時代の探求』東京大学出版会

河村善也 2003「風穴洞穴の完新世および後期更新世の哺乳類遺体」『北上山地に日本更新世化石を探る―岩手県大迫町アバクチ・風穴洞穴遺跡の発掘―』東北大学出版会

小金井良精 1920「日本石器時代の赤き人骨に就て」『人類学雑誌』35 − 11・12

柴田常恵 1918「越中國氷見郡宇波村大境の白山社洞窟」『人類学雑誌』33 − 7

百々幸雄・瀧川　渉・澤田純明編 2003『北上山地に日本更新世化石を探る―岩手県大迫町アバクチ・風穴洞穴遺跡の発掘―』東北大学出版会

日本考古学協会洞穴遺跡調査特別委員会編 1967『日本の洞穴遺跡』平凡社

八幡一郎 1967「古代人の洞穴利用に関する研究」『日本の洞穴遺跡』平凡社

5 隆線文土器からみた縄文時代のはじまり

小　林　謙　一

　国立歴史民俗博物館の小林謙一と申します。私の方は、とくに縄文草創期の土器を中心に報告させていただきます。図1は1962年の3次調査の時の調査風景の写真をお借りして示したものです。つぎの図2に9層・6層・4層というふうに層位の番号をふりました。この9層というのが草創期の土器及び遺物がたくさん出てきた層になります。8層・7層などがあり、その上の大きな2つの石の間くらいが6層です。6層は縄文時代草創期の後半と私は考えているのですけれども、文様のない無文土器が集中して見つかっています。さらに、一番上の4層としたところなのですが、縄文時代早期の押型文土器や人骨などの遺物を多く出土する文化層が見つかっております。押型文土器文化については、後で兵頭さんからご報告いただきます。図3は2005年の1月に私たちが現地に行った時の写真です。1月でしたので雪化粧になっていました。この久万高原町という所は、四国で唯一スキー場がある土地ですけれども、このときの調査の際も、雪が降っていました。上黒岩という地名は、写真に写っている、絶壁状に張り出した岩が由来になっています。写真では、木で少し隠れていますけれども、要するに岩脈がこの山沿いにあり、このあたりで露出し、

図1　上黒岩遺跡B区の土層断面
　　　第4次調査（1969年）
　　　慶應義塾大学文学部民俗学考古
　　　学研究室提供

層位	時代	出土遺物
1〜3層 表土・攪乱層	縄文時代以降 縄文晩・中・前期	土師器 晩期・中期土器片 前期轟式土器
4層 黒色土層・混土貝層 ＊奥部A区より人骨の集積 埋葬・および犬の埋葬骨	縄文時代早期	押型文土器 石器類 骨角器
5層 褐色土 破砕礫層		微量の土器片
6層 黒色土層 破砕礫層	縄文時代草創期	無文土器 石器類
7層 褐色土 破砕礫層		微量の土器片
8層 褐色土破砕礫 ・砂利粘土層		微量の土器片
9層 黒色土 黄褐色土層	縄文時代草創期	隆線文土器 石器類 線刻礫
10〜14層 粘土層 〜破砕礫層	旧石器時代	14層で剥片

図2　上黒岩遺跡第3次調査C区土層断面図

図3　上黒岩遺跡の遠景

5　隆線文土器からみた縄文時代のはじまり　*87*

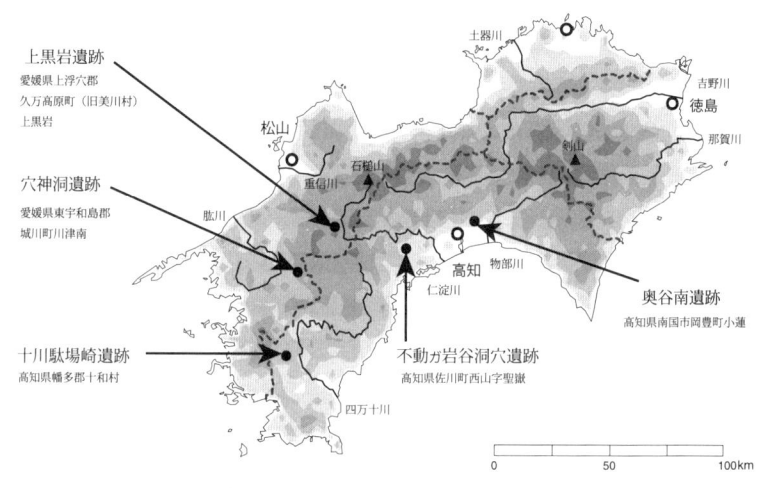

図4 四国地方の縄文時代草創期前半期の土器を出土する遺跡

岩陰となったところに遺跡があります。隣にあるお宅が竹口さんという地主の方でして、遺跡の発見者です。

　上黒岩遺跡というのは、久万川という川の流域にあたります。四国では、草創期の土器が見つかっている遺跡は全部で5遺跡になります（図4）。穴神洞遺跡、十川駄場崎遺跡、不動ガ岩屋遺跡、奥谷南遺跡です。上黒岩遺跡は岩陰でしたが、穴神洞や不動ガ岩屋はいわゆる洞窟遺跡で、阿部先生のお話にあったようなしっかりした洞窟です。奥谷南遺跡は非常に大きな岩が地表に顔を出していて、その近くというかまわりに遺物が散っていたことで、岩陰的な性格である可能性が考えられます。十川駄場崎遺跡は結構な山の中なのですけれども、開地遺跡のようです。縄文時代草創期のくらしは、山地の岩陰や洞窟遺跡から低地に下りた広々とした場所まで、生活の痕跡が認められるのですが、四国がその典型的なあり方ということになり、非常におもしろい状況だと思います。

　簡単に上黒岩遺跡の紹介もしたいと思います。1961年から5次にわたって調査がされた遺跡でありまして、私は慶應義塾大学の出身なのですが、その慶應義塾大学江坂輝彌先生が中心となりまして愛媛大学の西田栄先生らと

調査をされました。

　図2に層位図を示しました。堆積した層位では、一番下の方の9層、落盤層と当時は評価しているのですが、前後に大きな石を含んでいる層があり、上位に6層として黒色の土層があります。また、大きな石・礫を含む無遺物層に近い層を挟んで4層という縄文早期の包含層がある、と報告されています。今回、私たちが改めて遺物の整理を進めさせていただいていますが、その成果をみましても9層、および8層からも同じような縄文時代草創期の前半の私たちが隆線文土器とよんでいる土器が、私がみた範囲で破片等を含めて40片以上、10個体分くらいが確実に出土していると確認できました。あわせて、これも後ほど綿貫さんからご報告があると思うのですが、草創期に特有な石器群がまとまって見つかっているということで、9層または8層の下部にかけて縄文草創期前半の文化層があることは間違いないと改めて確認できました。また同じように、6層からは無文土器が出ていると、発掘当時からいわれていたのですけれども、今回改めて整理した結果でも、隆線文土器の胴部とは少し異なった特徴をもった土器群が、最低でも6個体分、おそらく破片もいれると10数個体分くらいの量がまとまって確認できましたので、6層はやはり一つの文化層として、土器の文化としては9層と別の時期のものであるということを確認いたしました。6層でもポイントなど、9層からつながるような石器が出ていますので、私は草創期の後半段階というふうに考えております。5層に関しては、やはり落盤層とされている層であり、あまり遺物はないのですが、わずかながら6層と同じような遺物が出ているとみています。4層は、押型文土器をはじめ、縄文早期の、明らかに新しい時代の文化層となっております。

　遺物、とくに土器を中心に少し説明させていただきます（図5）。9層を中心として出ている隆線文土器は、上黒岩遺跡ではかなり特徴的な土器です。

　一つは、土器片の中に、私たち考古学者は獣毛、獣の毛の痕跡と考えているのですけれども、土器器面に熊の毛みたいな太い毛の痕跡が見えます。毛自体ではなくて、その毛が混ざっていたような圧痕が見えるということを以前から隆線文土器の特徴として注目してきましたが、上黒岩遺跡でも、とくに

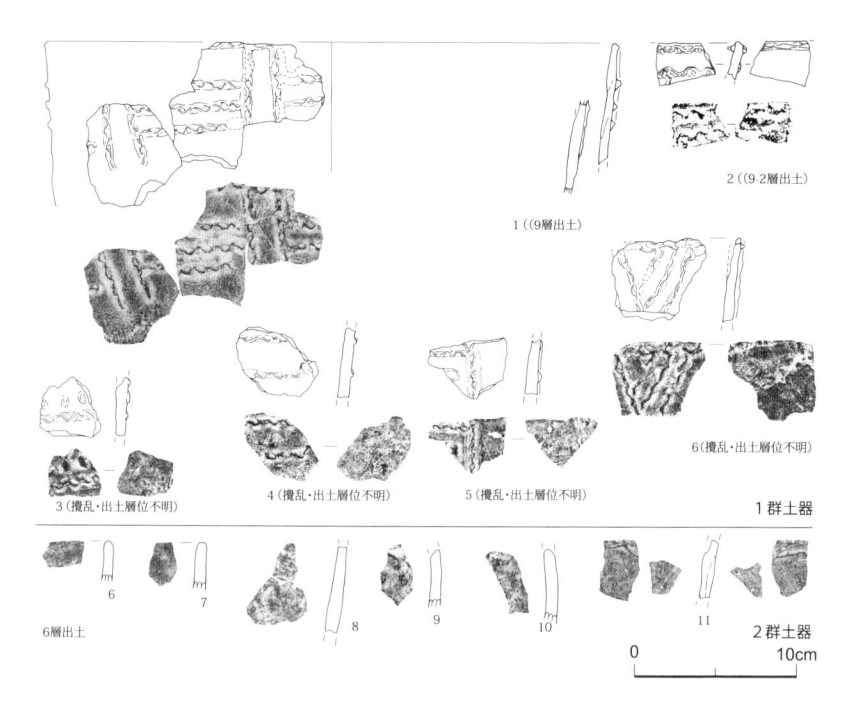

図5　上黒岩遺跡9層および6層出土土器

図6　上黒岩遺跡9層出土土器器面の痕跡（丑野2006より）

9層の土器にはほとんどに獣毛痕が付いています。それに関しましては、今、東京国際大学にいらっしゃる丑野毅先生にお願いしてレプリカ法という方法、すなわち樹脂をつけて固めて型を取り出して、その樹脂自体を電子顕微鏡で観察しました（図6）。その結果、キューティクルがある獣毛ではなくて、むしろ植物繊維であるということが、丑野先生のおかげで確認できました（丑野 2006）。私がみる限りは9層の土器、この隆線文土器についている痕跡はほとんど同じようですので、部分的に曲がって見えた、そのために最初は獣毛だと思っていたのですけれども、よくルーペなどで見ると、それはまっすぐな植物繊維の集まりがそう見えるということがわかります。土器の胎土のなかにも見えますので、おそらく、この上黒岩では、なぜそうしたのかということはわからないのですが、何らかの細かな植物繊維を混ぜ込んで土器を作っていたということが確認できました。私が知っている範囲では、同じ時期の他のところでは同じような事例はあまりない。私がみている関東の草創期の隆線文段階の土器では、それも今、丑野先生にお願いしてみてもらっているのですが、むしろ、やはり熊の毛なりなんなりの獣毛らしきものが入っている。つまり、地域によって、違う混ぜものをしているのではないかということで区別できると思っています。

　また、この横走する隆線に関しては、これまでは分布していないとされていた北海道の帯広市大正3遺跡で最近出土しましたけれども、大きくみれば九州から北海道まで隆線文という点で同じ文様要素をもった土器が広がっていることになります。その中で、細かく文様等をみていきますと、たとえば上黒岩遺跡の土器では、横位だけじゃなくて縦方向や斜めに文様帯が区画されています。それから、口縁の内側にも隆線を配置する特徴があります。内側隆線のある例は、部分的には他の遺跡でも存在するのですが、ある程度まとまっているのは上黒岩9層の一群の土器ということになります。上黒岩9層の土器群に共通した特徴がみられるということは、かなり短期間に残された土器であるということの裏返しであるといいますか、上黒岩9層は比較的短い時期の所産で、同じような土器型式として認識できる残り方であり、かつ特徴が顕著ということで、上黒岩式として積極的に認識していくべき内容

を備えていると考えております。私の個体同定で10個体分くらいと思うのですけれども、比較的短期間の居住の中で残された土器群であると考えられるのではないかと考えております。

　実は私は上黒岩遺跡の再整理を始める前は、6層のいわゆる無文土器に関して、9層の隆線文土器の胴部破片であるというような認識でいたのですけれども、今回改めて検討を重ねていきました結果、一つに口縁部破片が6層に2点確認できたこと、何個体か土器を肉眼で観察した結果、最低でも6個体か7個体は確認できて、それぞれ何片かづつまとまりがあったこと、先ほど9層の土器で植物繊維の混ぜ物があったということをお話したのですけれども、それに相当するものが6層から出てきた無文土器にはないということ、以上三点のことから、9層の隆線文土器とは明らかに違う時期のものであるということを確認いたしました。

　四国の隆線文土器をみていきます（図7）と、たとえば穴神洞遺跡（長井ほか1979）ですとか、十川駄場崎遺跡（山本ほか1989）などの隆線文があります。十川駄場崎遺跡の方が、豆粒的な部分があってやや古い様相ともいえますし、また上黒岩の国立歴史民俗博物館所蔵土器や竹口家資料の土器片にも豆粒的な短隆線がみられますので近い関係かと考えられます。穴神洞の方は、隆線文が横に横走してちょっと新しいタイプだと思われます。奥谷南遺跡（松村ほか2001）の方はちょっと太めの隆線のものがある。図の一番下の土器については、遠部慎さんから指摘を受けたのですけれども、表裏が反対で、図示されているのは裏側であり、より新しい時期の土器ではないかと考えられるので、この土器は除いたほうがいいようです。以上のように、遺跡ごとに、やはりまとまりがあって、それで時期差があるというように私は考えております。奥谷南遺跡のような太めの隆線から、不動ガ岩屋洞穴（岡本ほか1967）のやや太めの隆線、さらに十川駄場崎や上黒岩9層、そして穴神洞遺跡例といった順での変遷が追えると考えています。広くみれば、日本列島のなかである程度は共有した隆線文土器編年の中に位置づけられてくるものと考えております。

　次に、先ほど少し申しましたレプリカ法での圧痕観察は、考古学的な分析

奥谷南遺跡

←この土器のみ早期以降か

十川駄場崎遺跡

不動ガ岩谷洞穴遺跡

穴神洞遺跡

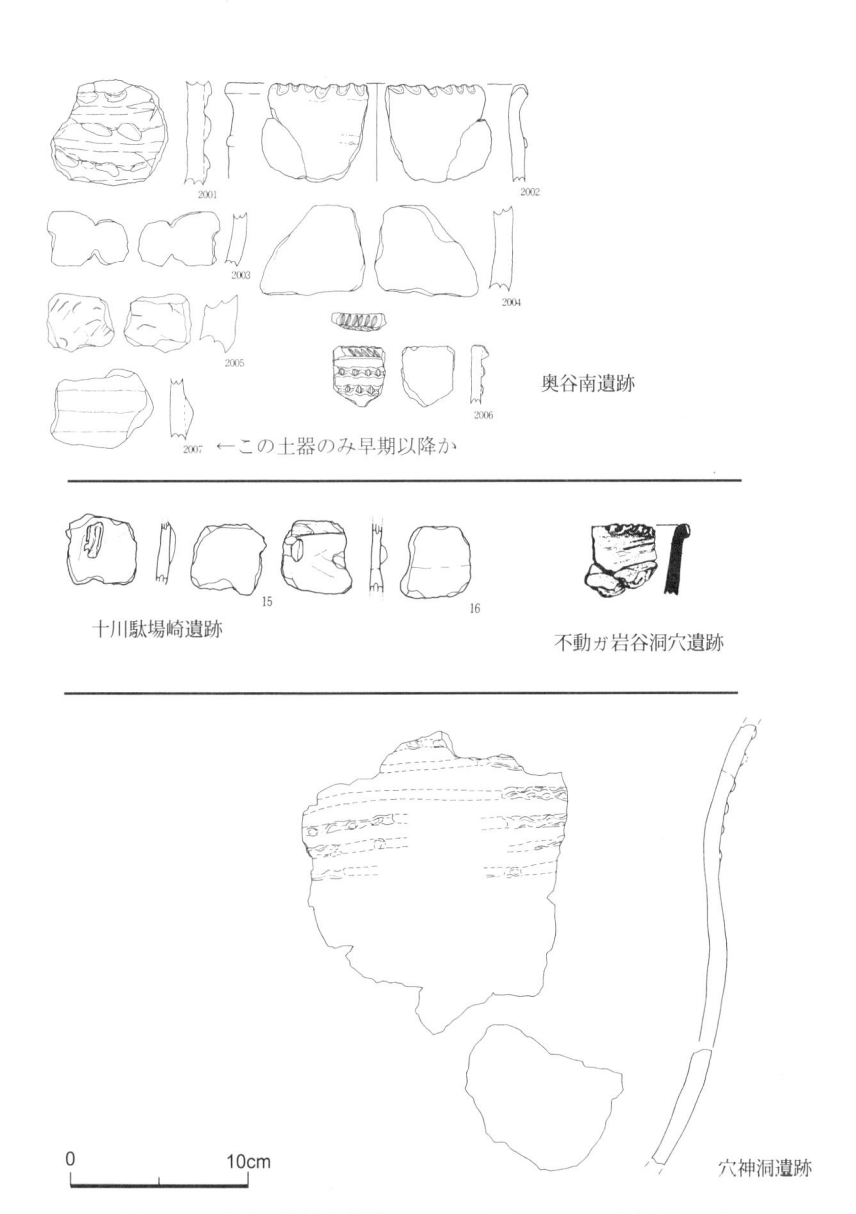

図7 四国出土の隆線文土器（穴神洞：小林作図、ほかは各報告書より）

5 隆線文土器からみた縄文時代のはじまり

にプラスアルファした科学的な分析になると思うのですけれども、もう一つ自然科学的な分析として、炭素14年代測定のことに関して若干報告させていただきます。上黒岩遺跡の炭素14年代測定につきましては江坂先生が掘られた時に、各層位から出土した炭化物をミシガン大学に委託して年代測定した結果が報告されており（江坂ほか1967）、9層出土の炭化材で12165±600BPという数値が報告されています。それと6層下の炭化材では、10085±320BPの数値が出ていることが報告されています。

　このBPというのはBefore PresenceまたはBefore Physicsの略で1950年を基点として炭素14年代で何年前かという測定値で、実際の年代とはちょっと違うのですが、とりあえずはそういった測定結果が得られていたということです。炭素14年代の詳しい話は省略させていただきますけれども、上黒岩出土の炭素14年代測定を測った炭化物資料が、慶應義塾大学の研究室に保管されておりましたので、それを改めて2005年度に私たちのほうで測定しました。江坂先生が測ったものと同じ試料と、それから同じ9層の炭化物で別の試料の2点を測りまして、12420±60BPと12530±40BPという数値が出ております。

　炭素14年代は炭素の同位体の量比を測って、昔はこれをそのまま年代だというように考えていたのですけれども、最近は較正年代といいますけれども、年輪年代とあわせてみることによって実際の年代を計算することをおこなっています。先ほど小野先生もおっしゃっていましたが、より正しい年代を考えるには、較正calibrateといいますが、較正年代でみていく必要があります。較正年代でみますと上黒岩9層の炭化物が、今から約14500年前という年代であるということができます。これは、以前に江坂先生が測った時は、誤差は大きいのですけれども、中心値としては同じ炭素14年代といってよい値ですし、今回私が測った2点も同じ炭素14年代値の誤差範囲の中に入りますので、測定としては正確なのではないかというように考えているわけです。同様の時期の試料を、他の遺跡でも、日本列島の中でいくつも測定してきましたが、おおよそ矛盾がない結果が得られています。

　図8は、そうした測定結果をまとめたものです。この線は較正曲線といっ

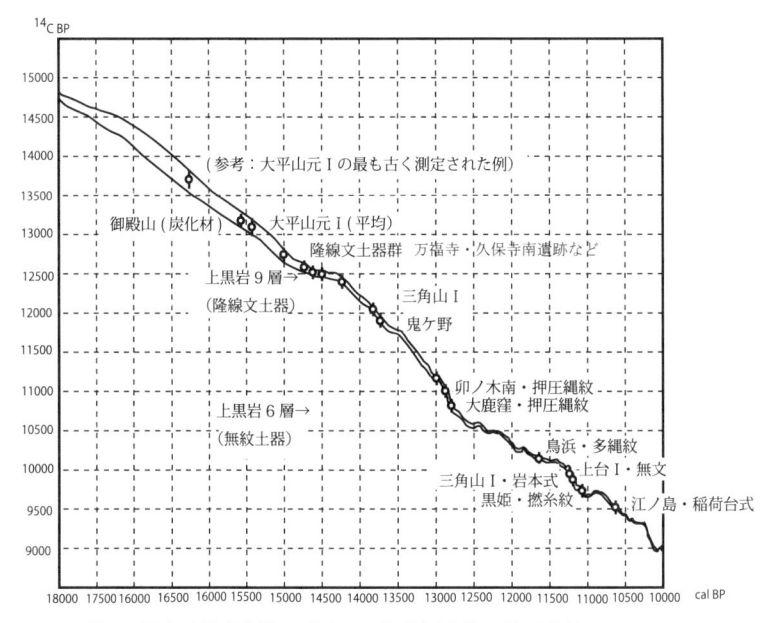

図8 縄文時代草創期の炭素14年代測定値と較正曲線（IntCal104）

ていますけれども、過去の大気の炭素同位体の比率の濃度の変化を今から約12000年前までの分は年輪を使い、それ以前の年輪年代が得られていない時期については、珊瑚を使って較正年代を示しています。珊瑚礁も年毎に堆積しますから、そのなかの炭素量を測ったデータベースを使って図示してあります（IntCal04 Reimer et al. 2004）。そこに私たちがこれまで測った事例をあてはめていきます（小林2007）。日本列島で、今のところ一番古く出ている土器としては、青森県の大平山元I遺跡で、無文土器が出ているのですが、その付着物を名古屋大学でおこなった炭素14年代測定結果の平均値が較正年代で約15500〜16000年前と考えられます。対して、上黒岩9層例や、ほかにもいくつかある列島で出てきた同じような時期の隆線文土器の測定値をみていくと、だいたい較正年代で今から14000年前位に集中してきます。そのなかでも、私が古いかなと思う東京都御殿山遺跡例は15000年代にきて、上黒岩9層など、隆線文の最盛期くらいのものはだいたい炭素年代で12500BP

5　隆線文土器からみた縄文時代のはじまり　　95

ころ、較正年代で14000年代ころに集中して、鹿児島県三角山遺跡例とかちょっと新しい要素のものが炭素年代で12000BP、較正年代で14000年前より少し新しい年代にきます。従って、だいたい今から15500〜14000calBPくらいの範囲が隆線文土器の年代として考えていいのではないか、このくらいが隆線文段階の年代ではないかというように考えております。

　上黒岩6層に関しましては、私たちは新たにもう一回測ることはできなかったのですけれども、それ以前に江坂先生が委託して出した時の年代をそのまま用いますと、較正年代で約12000年前になります。この年代は縄文土器編年でいつ頃かといいますと、ほかの所では、爪型文土器とか押圧縄文という草創期後半が終わって、多縄文土器という草創期末・最終末、または、むしろ縄文早期（註：小林達雄の6期区分による）撚糸文の古い段階、縄文早期の始まる少し前くらいに相当するので、草創期の最終段階というように理解していいと考えます。ちなみに、4層の押型文土器段階は較正年代で今から10000年前くらいの年代にあたるだろうと考えます。

　この年代推定に関してですが、たとえばこの較正曲線自体をみましても、かなり変動があって、炭素14というのは一様に時間経過につれて減少しているわけではない、すなわち過去における大気濃度は現在と同じではなく、かつ過去においても一定ではなかったことがわかっています。過去の炭素濃度がなぜ変動しているかというのは、正確にはわからないのですけれども、太陽活動や地磁気の変動によると考えられます。結果的にみますと、この隆線文が存在していた今から14000年前頃というのは、較正曲線がちょっと平たくなっている時期にあたります。私たちはよく年代測定研究で弥生時代をやっている時に、弥生時代前期に相当するところが「2400年問題」といって、較正曲線がちょっと平らになっていて年代が絞りにくい変な時期だということをよくいうのですけれども、実は大きな目でみると、この縄文草創期前半の時期も、炭素年代で12000年頃というのは平たくなっています。もしかしたら太陽活動なり環境的に少し変なことがあったような可能性もありますが、原因はわからないものの、結果的に、隆線文土器の真ん中頃と考える

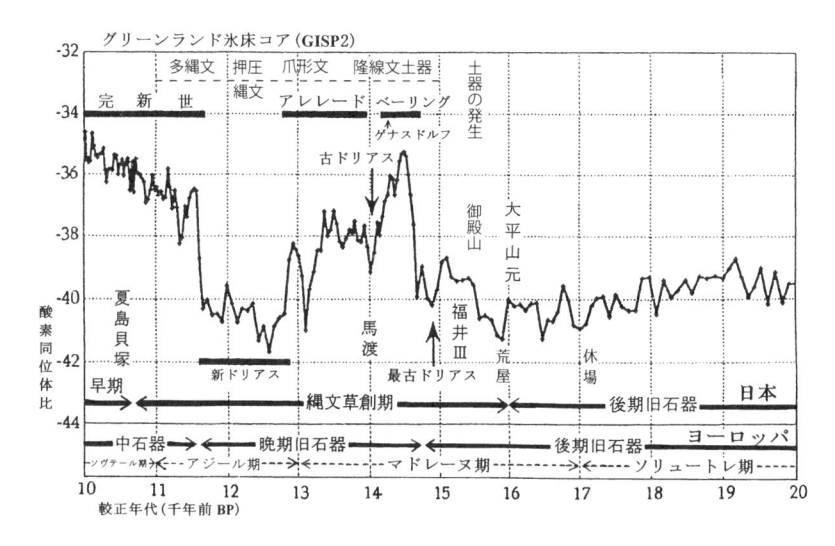

図9 縄文時代草創期ころを中心とした気候変動（春成2001に加筆）

土器の年代測定をすると12300^{14}CBPころという結果になってしまうわけです。そのいわば「12000年問題」のころに隆線文土器の時期があたるわけです。

さらに、草創期が終わって早期が始まる頃、やはりその頃は遺跡が一番少ないのではないかと思うのですけれども、その後また遺跡が増えてくる早期初期直前というのは今から11600年前とか12000年前くらいにあたると考えております。そのあたりがどういう時期かといいますと、小野先生や西秋先生のご発表でも触れられておりましたが、春成先生が以前に作られた気候変動と縄文文化のあり方の相関の図（春成2001）で説明させていただきます。図9でいうと、上黒岩9層、または隆線文土器が一番発達する時期というのは、較正曲線のちょうど平たい時期あたり、較正年代で14500calBP年頃ですから、ベーリング期と書いてある時期になっております。これはちょっと暖かい時期であるといわれております。ヨーロッパでいうと晩期旧石器、西アジアでいうと終末期旧石器の段階ですけれども、日本列島ではこの暖かい時期に隆線文段階があたるのではないかと考えます。時期が下っていって、上黒岩6層とか、草創期後半になって、遺跡が少なくなるようなイメージがあっ

て、その後縄文早期にいたって増えますが、その時期がどこにあたるかというと、紀元前でいうと10000年、いまから11600BP年ころのところですから、新ドリアス、ヤンガードリアスといっている寒冷期が終わる頃じゃないかと思います。すなわち、寒冷期が終わる頃に縄文早期の始まりがくるのかなというように、考えています。

　私がもう一つ指摘したいのは、列島全体でのあり方です。隆線文土器段階の日本列島全体を見渡しますと、九州は太めの隆線文が発達していくのに対し、北海道は数が少ないですが、東北地方では細隆線文、さらには貼付状というよりも指で作り出したような微隆起線が多いとか、地域的な差はあるのですが、基本的には14000年BP年代頃に1000年くらいの長きにわたって、日本列島の中で同じような隆線文段階というものが地域ごとに特徴を持ちつつ現われていることです。かつ、地域ごとに型式差もあるという状況も考えますと、まさに日本の縄文文化、縄文時代というものが最初から最後まで同じかどうかということも別途に問題となりますが、縄文時代の縄文文化というものを考えていく上では、隆線文段階がやはり最初のスタート時点になるのではないかというふうに私は考えております。隆線文以前の無文土器というのは、大平山元Ⅰ遺跡で神子柴・長者久保タイプの石器とともに出てくるのですけれども、それはむしろの晩期旧石器のなかで、早くに試行錯誤的に始まっているということではないでしょうか。その段階では、やはり土器は希有なものであって、各地域の全集団が知っているのでも、文様をつけて区別する必要があるものでもないということです。それが、みんなが土器をもっている、かつ文様を入れて、自分の文様としてある型式的なものをもって、それが地域間で交流をもつというような、縄文時代に特有な構造をもってくる、その段階が隆線文段階であると考えますと、やはり、その隆線文段階から私は縄文時代ととらえていきたいなと考えております。

　私の報告はこのあたりで終わりにしたいと思います。ありがとうございました。

文献

Reimer, Paula J, et al. 2004. IntCal04 Terrestrial *Radiocarbon* Age Calibration, 0-26 Cal Kyr BP　Radiocarbon 46（3），1029-1058

丑野　毅 2006「土器に残る痕跡」『歴博』No.139 特集土器の始まりのころ　国立歴史民俗博物館

江坂輝彌・西田　栄 1967「愛媛県上黒岩岩陰」『日本の洞穴遺跡』平凡社

岡本健児・片岡鷹介 1967「高知県不動ヵ岩屋洞穴」『日本の洞穴遺跡』平凡社

小林謙一 2007「縄紋時代前半期の実年代」『国立歴史民俗博物館研究報告』137 集

長井数秋・十亀幸雄・土居睦子・重松佳久 1979『城川の遺跡』城川町教育委員会

長井数秋 1986「穴神洞遺跡」『愛媛県史　資料編考古』

春成秀爾 2001「旧石器時代から縄文時代へ」『第四紀研究』40（6）

松村信博史・山本純代 2001『奥谷南遺跡Ⅲ』高地県埋蔵文化財センター

山本哲也・岡本桂典 1989『十川駄場崎遺跡発掘調査報告書』十和村埋蔵文化財調査報告書第 3 集

6 押型文土器にみる縄文文化成立期の様相

兵 頭 勲

　ただいまご紹介いただきました愛媛県埋蔵文化財調査センターの兵頭と申します。よろしくお願いいたします。私は、生まれも育ちも愛媛県でして、今回、フォーラムや展示といったこういう形で「上黒岩遺跡」を取り上げていただき、大変喜んでいる県人のひとりであります。私が上黒岩遺跡と深く関わりをもち始めるのが、今から8年ほど前になります。その頃の愛媛県の縄文時代研究は、後期前葉や晩期終末期については資料も多く、研究も活発におこなわれているのですが、それ以外の草創期から中期につきましては、良好な資料が少ないという理由などから研究自体が停滞気味でした。そういう現状を少しでも打破できないかと思いまして、四国地域のなかでも多くの草創期・早期遺物が出土している上黒岩遺跡の遺物に注目し、それらを保管されていた慶應大学の江坂輝彌先生にお願いをしてみせていただいたのが始まりとなります。

　私に与えられた表題の「押型文土器」ですが、これは縄文時代早期に全国各地で流行していた土器様式でありまして、およそ4000年の間使われていました。上黒岩遺跡の押型文土器についてお話する前に、この押型文土器を使っていた縄文時代早期という時期は、一体どういった時代であったのか、その時代的な背景と四国地域全体の様相についてお話していきたいと思います。

　まず、縄文時代早期は、午前中の話のにもありましたが、地球全体の温暖化によって自然環境の変化が生じました。それによって人びとの生活様式にも変化がみられるようになります。その文化的な変化は多方面に幅広く及んでいまして、定住化が顕著に現われること、土器の使用量が増大していくこ

と、石皿や磨石といった木の実を粉砕する道具が定着すること、貝塚の出現や漁撈技術の確立、この他にも地域間交流の活発化や、土偶などがこの時代に現われてきます。まさに縄文文化の骨格が形成された時代であるといえます。この上黒岩遺跡はそれらの要素をもちあわせており、四国地域における縄文文化の成立期を考えるうえで重要な遺跡の一つだといえます。

　さて、四国地域における縄文早期の研究の嚆矢としては、1930年代におこなわれました香川県小蔦島（こつたじま）貝塚の調査から始まります。しかし、それ以降につきましては、良好な資料に恵まれないこともあり、一時期停滞していたのですが、1960年代に全国的な規模で洞穴・岩陰遺跡の調査がおこなわれました。この調査によって四国地域でもこの上黒岩遺跡や高知県の不動ヵ岩屋洞穴遺跡など学史的にも著名な遺跡の発見がありました。最近の発掘調査では、この燧灘という瀬戸内海に面した地域においても遺跡が増えてきていまして、八幡浜市須川丸山（すがわまるやま）遺跡、宇和島市柿の木西法寺（かきのきさいほうじ）遺跡といった、これまであまり確認されていなかった愛媛県の西南地域においても早期の遺跡が発見されています。また、高知県刈谷我野（かりやがの）遺跡では、これまで空白の期間であった縄文時代早期前葉から中葉にかけての良好な資料が出土するなど、早期研究の活性化につながる発見が近年相次いでいます。これが四国地域における縄文時代早期の遺跡分布図（図1）です。各地域によっては調査の精査に違いがありますが、現在のところ県別の内訳をみますと、徳島県3カ所、香川県9カ所、愛媛県60カ所、高知県46カ所であり、愛媛県と高知県の中央部から南西部にかけての西四国一帯に集中しているのが目立つ一方、徳島県や香川県では少ないようですが、徳島県南部などでは、いまだ未開拓の地域もありますので、将来的にはそういった地域でも早期の遺跡が発見される可能性は十分あると考えております。遺跡の立地については河岸段丘上に多く、特に河口からみれば、はるか上流域に分布している傾向にあります。近年の調査では沿岸部での遺跡も増えていまして、四国の早期遺跡は、海底から標高約400mの山間部まで幅広い垂直分布を示しています。このような遺跡数の推移や分布域から、縄文早期の四国では人口が増加し、そして貝塚の形成

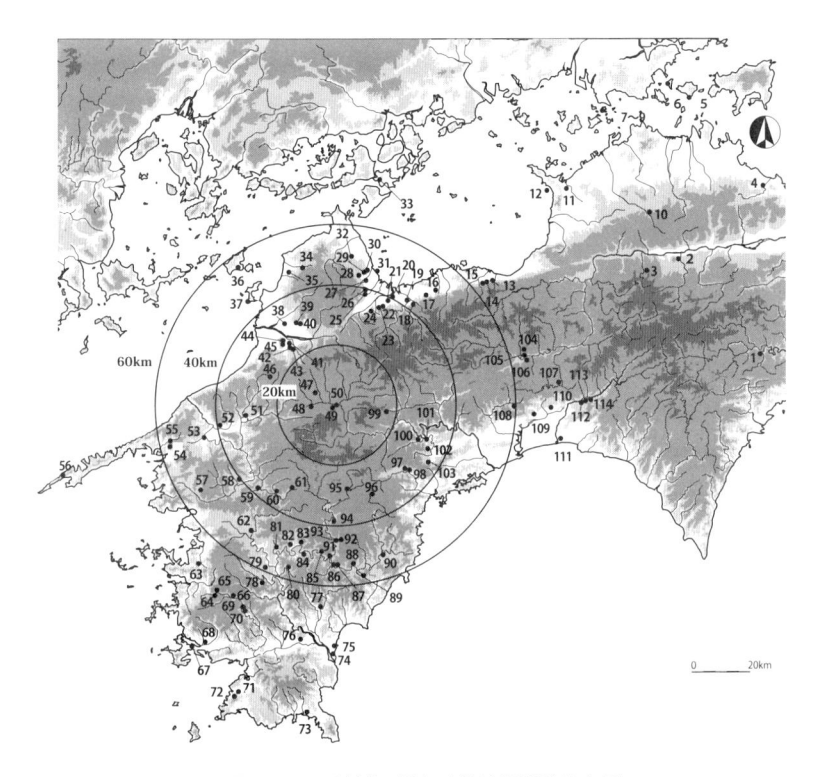

図1 四国地域の縄文時代早期遺跡分布図

1.古屋岩陰 2.貞光前田 3.宝伝岩陰 4.原間 5.礼田崎貝塚 6.井島大浦 7.大浦 8.かいとく鼻 9.羽佐島 10.備中地 11.本村中 12.小鳶島貝塚 13.平坂Ⅱ 14.長命寺 15.医王寺Ⅱ 16.横山 17.半田山 18.横山城跡 19.真導廃寺跡 20.杉尾神社古墳 21.仏心寺 22.鵠来が元 23.妙口 24.明穂東岡東 25.古田明堂 26.星野Ⅱ 27.福成寺、旦之上 28.椎ノ木 29.世田山麓Ⅰ、世田山麓Ⅱ 30.六軒家Ⅰ、六軒家Ⅱ 31.大明神川沖 32.山口 33.叶浦B、叶浦北 34.猿川西ノ森 35.マス池 36.長師 37.田尻 38.東本4次 39.平井山田池 40.上苑氏2次 41.麻生小学校南Ⅳ次 42.西野Ⅱ 43.土檀原Ⅱ 44.長田 45.城の向 46.東峰第4地点 47.笛ヶ滝 48.生姜駄馬 49.上黒岩第2岩陰 50.上黒岩岩陰 51.石ూ東 52.田合 53.柚木 54.須川丸山 55.磯岡 56.みのこし 57.深山第1洞穴 58.しろいわ岩陰 59.ほつぼ大師岩陰 60.中津川洞 61.穴神洞 62.岩谷 63.柿の木西法寺 64.影平 65.池の岡 66.犬除2次 67.深泥 68.平城貝塚 69.池ノ上 70.楠山 71.小谷山 72.ナシケ森 73.下益野B地区 74.平野 75.双海 76.国見 77.奈路駄場 78.大宮・宮崎 79.車木 80.堂ヶ市 81.江川中畝 82.川口ホリキ 83.十川駄場崎 84.奈路 85.屋敷 86.轟崎 87.瀬里 88.北ノ川 89.野地 90.根ヶ崎五反地 91.江師 92.八足 93.木屋ヶ内 94.松原 95.北川 96.船戸 97.姫野々上町 98.新土足 99.坂本大平岩陰 100.文徳 101.下渡 102.城台洞穴 103.不動が岩屋洞穴 104.長徳寺 105.松ノ木 106.銀杏ノ木 107.飼古屋岩陰 108.初平ヶ岩屋洞穴 109.奥谷南 110.開キ丸 111.町田堰東 112.刈谷我野 113.美良布 114.東下タナロ

や漁撈活動を示す直接的な資料はないものの水産資源の活用があったとも想定できます。その背景には先に述べました縄文海進などの自然環境の変化が考えられます。

上黒岩遺跡の場所は、松山市から直線距離にしておよそ40kmと近い場所に位置しているわけですが、標高が400m近くもある高い場所にありますので松山市とは気候が全然違います。冬期になると、関門海峡から冷たい風が吹き込んできて、それが四国山地にぶつかり、雪となって久万高原を覆ってしまいます。このような高い場所に上黒岩遺跡は位置しているのです。

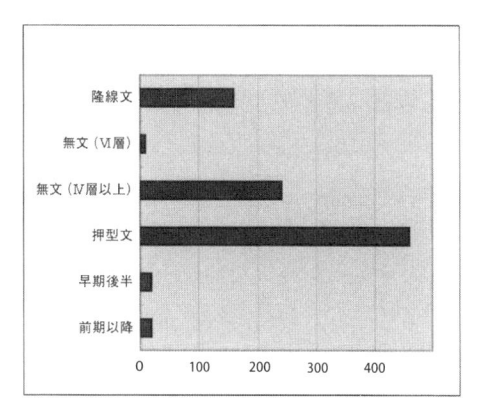

表1　上黒岩岩陰の時期別の土器破片数
遠部慎 2006「縄文土器のはじまりを探る」
『歴博』No.139 より

上黒岩遺跡の縄文土器ですが、その破片数を表わしたものが表1となります。今回の共同研究において、土器班の共通認識として1群と2群が先ほど小林さんからご説明がありました隆線文土器と無文土器で、押型文土器は3群としてとらえ、4群を4層以上の無文土器、5群を早期後半の土器、6群を縄文前期以降の土器というように、便宜的に6つに分けて整理を進めております。この表1が示している通り、上黒岩遺跡では押型文土器が縄文土器全体の中でもっとも出土点数の多い土器型式といえます。

ここから本題の押型文土器の話に入りますが、この土器がどういったものかというと、丸い棒状のものに山形や楕円の文様を刻んで、それを土器の表面に回転させることによって、文様をつけた土器のことをいいます。この「押型文土器文化」というものは四国地域で突発的に現われたのではありません。それ以前の縄文土器というのは、上黒岩Ⅵ層や穴神洞Ⅳ-下層、いわゆる押型文土器の層の下から無文土器が出土しています。このことは広島県の帝釈峡遺跡群や大分県の二日市洞穴遺跡などの層位的事例からも、中国・九州

といった周辺地域でも同様であったと考えられます。こうした無文土器文化から、回転施文という新たな手法を生み出す要素は認められないことからも、押型文土器文化は東方（近畿・中部地域）から伝わってきた技術であり、それが県内各地に展開したものと考えられています。

　これまで愛媛県の押型文土器の研究というのは、山形文やポジティブな楕円文を黄島式土器（上黒岩Ⅲ式）とし、大型楕円文を高山寺式土器（穴神Ⅱ式）とする二系統に分類されてきました。しかし、上黒岩遺跡出土の押型文土器は、約300点が確認されていますが、それらをみると一概に黄島式、高山寺式と区分できるほど単純ではなくて、もう少し細かい部分での分類が必要と考えました。たとえば、上黒岩遺跡から出土した主な押型文土器には口縁部内面に柵状文がみられるものもあれば、刻みを入れたようなものもみられます。また、施文方向も横方向に規則的なものもあれば、縦や斜めに不規則的に施文されたものもあり、これらをこれまでは一括して黄島式土器ととらえてきたわけですが、一緒にくくるには無理があるということで、周辺地域の編年を踏襲する形で、押型文の文様形態や施文パターン、また、口縁部内面に施されている柵状文の有無を重要な要素として分類していきました。そうした結果、上黒岩遺跡の押型文土器は、黄島式以前→黄島式→高山寺式→穂谷式が認められ、黄島式段階についてはさらに細分が可能であります。

　次に、上黒岩遺跡の押型文土器の文様の比率を表わしたものが資料の表2となります。これは山形文34％、楕円文53％、山形文＋楕円文8％、格子目文4％、綾杉文1％といった比率を示しているわけですが、楕円文が主体を占めていて、黄島式土器の標識遺跡でもある岡山県黄島貝塚と同様の比率を表わしています。また、全体総数の8％と少ないのですが、楕円文と山形文を併用した押型文土器の存在が注目されます。このような異なった押型文

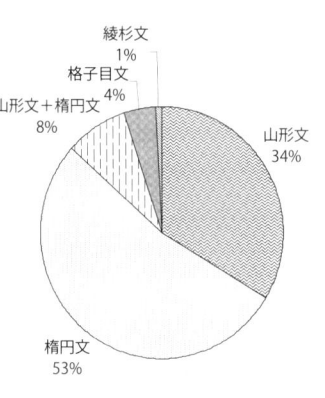

表2　押型文様の比率

様を併用したものが、四国地域では香川県小蔦島貝塚や徳島県宝伝岩陰（ほうでんいわかげ）遺跡で僅かながら出土していますが、それらの併用した押型文土器というのは、楕円文と山形文が密接したタイプの押型文土器であり、上黒岩遺跡のように楕円文と山形文の文様間に無文部を設けているタイプとは明らかに違いがみられます。愛媛県においては、同じ四国山間部に位置する西予市中津川洞（なかつかわどう）遺跡でも、このようなタイプのものが僅かに1点確認されていて、同じように土器の表面に山形文と楕円文を施文し、その間に無文部を設けております。しかし、表面上は上黒岩遺跡と同じものではありますが、口縁部内側に刻みが施されている点に違いがありまして、上黒岩遺跡のものよりは、やや後続するものではないかと思われます。こうした無文部を設けて山形文と楕円文を併用した押型文土器は、ほかではあまり認められないため、四国山間部のオリジナルではないかと考えていますが、その出現系譜については課題であり、楕円文の成立過程を考えるうえでも重要な資料と考えています。

　最後にまとめといたしまして、上黒岩遺跡の押型文土器は、今まで黄島式と高山寺式という二つのタイプのものしか考えられていなかったのですが、整理をおこなった結果、上黒岩遺跡の押型文土器は単純ではなく、黄島式以前のタイプのものや、黄島式としているなかにも九州東北部の編年でいう下菅生B式といった不規則に楕円を施文し、柵状文が2段に施されているものもあり、また、押型文土器終末期の穂谷式も確認されました。押型文土器のなかでももっとも多い型式なのが黄島式土器〜下菅生B式の並行段階のものであり、それを境にして後続する高山寺式・穂谷式は激減していく状況にあります。こうした状況から、この頃（高山寺式期）になると、上黒岩の岩陰はあまり積極的に利用されなくなり、次第に人びとは他地域へと移動して生活を営んだと考えられます。また、上黒岩遺跡を中心にして半径60kmの円を描いてみたのですが（図1）、現在、四国地域で確認されている早期遺跡のおよそ7割近くがこの円の中に入ります。これらの遺跡と上黒岩遺跡の直接的な関係を示す資料は未だ確認されていませんが、上黒岩遺跡では海産物の出土も認められていることから、上黒岩人の生活領域を想定すると半径

40〜50kmの範囲にわたるのではないかと考えております。

　また、縄文時代早期の土器様相を明らかにしていくにあたり、今後の課題として、共伴の無文土器や条痕文土器と関係が問題にされるところであり、今後はそうした部分を含めて研究を進めていきたいと考えております。

文献
遠部　慎 2006「縄文土器のはじまりを探る」『歴博』№ 139

7 有茎尖頭器にみる縄文草創期の世界

綿　貫　俊　一

はじめに

　上黒岩の共同研究では石器班に属し石器の整理報告を担当していますが、私ひとりで膨大な石器と格闘しているところです。そういうわけで、担当する守備範囲が広く、研究途上の部分もあって、石器に興味のある方には物足りない部分もあるかと思いますけれどもご了承ください。

　縄文時代早期はご承知の通り、草創期・早期・前期・中期・後期・晩期の6期に区分されています。この縄文時代を通して使われた石器として石鏃、そして石匙、石斧があります。これに対し草創期に作られて、草創期のなかで衰退してしまう石器に有茎尖頭器、有舌尖頭器ともいう茎のついた槍先があります。このため、草創期の石器といえば第一に有茎尖頭器という指標的な位置づけがされています。

　有茎尖頭器は1958年と1959年に北海道の立川遺跡で発掘されて、旧石器時代後期末と考えられました。それから1959年の長野県柳又遺跡、1962年の愛媛県上黒岩遺跡で有茎尖頭器は見つかります（図1）。上黒岩遺跡と柳又遺跡では隆起線文土器と

図1　旧石器時代末から縄文時代草創期の代表的な遺跡

107

ともに有茎尖頭器が見つかったので、縄文時代草創期の石器と考えられるようになりました。このような経緯から今日では北海道の事例を除き縄文時代草創期に盛行した石器として有茎尖頭器は知られています。今日は現在整理が続けられている上黒岩遺跡を中心に有茎尖頭器の用いられた頃を述べてみたいと思います。

　実は、中国・四国地方には縄文時代草創期の遺跡が多く知られ、概算で80カ所くらいあり、その多くが有茎尖頭器の単発的な出土です。ところが上黒岩遺跡では私の計算でも45〜50点近い有茎尖頭器を含め、数千点に及ぶ草創期の遺物が出ています。そういう意味では、有茎尖頭器を用いた人びとの文化を知る西日本で一番良い遺跡ではないかと思います。

　有茎尖頭器は尖った尖端部から刃部が細長に広がり、刃部末

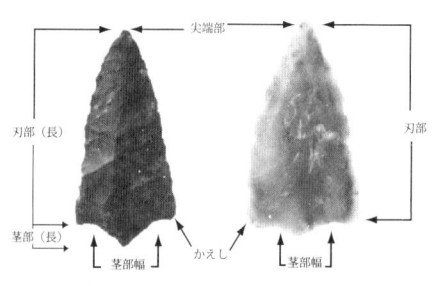

図2　上黒岩遺跡の有茎尖頭器と各部位の名称（写真：国立歴史民俗博物館）

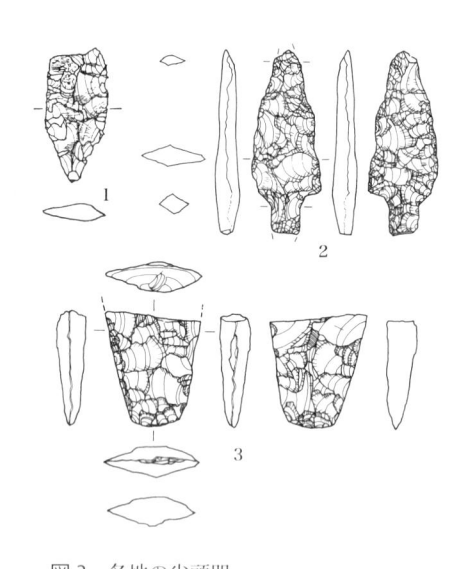

図3　各地の尖頭器
　1 新潟県中林遺跡（芹沢1966より）
　2 北海道白滝遺跡群採集（立川型）
　3 アラスカ ドライクリーク遺跡（石槍）

端で最大幅となり、ここから急激に幅が狭まる基部となります。この基部は平面形が細長い場合や逆三角形の例があって、これを茎部といいます。刃部と茎部の中間付近にある部分を逆刺といいます。有茎尖頭器は尖端部を含む刃部、逆刺、茎部というおおむね三つの部分で構成されています（図2）。逆

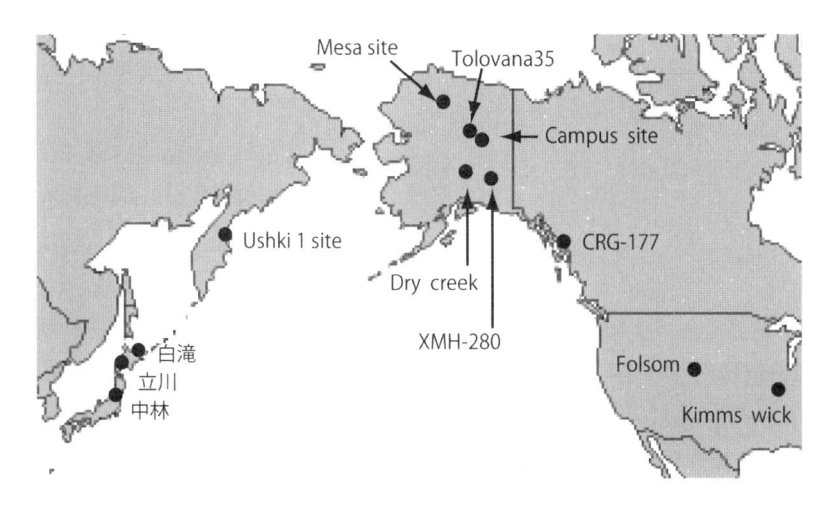

図4　基部の縁を磨り潰す技法の分布

刺の端部は尖った場合が多く、動物に突き刺さった時に抜けなくなるように工夫したのだろうと思います。

さて有茎尖頭器は、土器のない段階と土器を伴う段階とに区分されてきました。このうち土器がないとされていた草創期初頭の新潟県中林遺跡などで原初的な有茎尖頭器がみられますが、実は茎部を意識的に作り出した起源・系譜がつまびらかではありません。北海道の立川型有茎尖頭器とも平面形が著しく異なっていました。

そこで本州最古の有茎尖頭器の一つである中林遺跡の事例から考えてみます。中林の事例は左右対称の事例が少なく、有茎尖頭器として確立した姿ではありませんが、茎部周辺の縁を磨り潰した痕跡があります（図3の1）。この磨り潰し痕が茎部に施されていることからみて有茎尖頭器と柄を装着することにかかわると推定されます。同じ技法は北海道に広く分布しており、立川型有茎尖頭器の特徴の一つとされています（図3の2）。更に吉崎昌一さんや芹沢長介さんは縁部磨り潰し技法が米国のクロバスポイント（投槍）にも観察されることを指摘されています。これと同じ技術は、アラスカのドライクリーク遺跡の尖頭器にもみられ、基部の縁を廻るように磨りガラス状に磨

7　有茎尖頭器にみる縄文草創期の世界　*109*

いているのです（図3の3）。カムチャッカのウシュキ1遺跡からも立川型有茎尖頭器が出ているので同じ技法が存在する可能性が高いと思います。これを分布図に示しますと、北太平洋を取り巻くように分布しています。それぞれの遺跡の炭素14年代観から14000年〜10000年と年代が推定されるので、更新世末から完新世初頭頃に共通した技法といえます（図4）。

　現在のところ、縁部磨り潰し技法は本州では中林遺跡例だけで、中林以南にこういう技法は見つかっていません。したがって北海道と本州の有舌尖頭器、有茎尖頭器の関係はまだつまびらかではありませんが、細かい技法などで共通する部分があるので、北方的な要素や情報が少しずつ本州に伝わるなかで本州・四国の有茎尖頭器が成立したのかもしれません。

　　有茎尖頭器の製作技術

　近年、藤山龍造さんが関東地方の有茎尖頭器の作り方についての意見を述べています。藤山さんの意見では、原石を打ち割って石器の素材となる剥片を取り、次に粗い加工を経て木葉・柳葉のような形の尖頭器を作ります。更に最大幅の下にちょっとえぐりを入れて有茎尖頭器が完成されるというものです（図5）。特徴的なのは、この有茎尖頭器の茎部作出に際し、原形である木葉形尖頭器の基部の一番下の方でなく、全長の中央に近い部分にえぐりをいれる点です。

　上黒岩も有茎尖頭器の製作工程に関する全体的な流れは藤山さんと同じですが（図6）、原形を下膨れした水滴形に作ることに最大の特徴があります。下膨れ状に作った後、粗い調整加工を加えて成形する場合と、そのまま押圧剥離で調整する場合があります。もちろん鹿角ハンマーで作ったと考えられる例もあります。押圧剥離は鹿の角のような尖った道具を原形の縁に押し当てて剥ぎ取る技術です。その後、押圧剥離などの調整加工を基部付近に集中させて完成させます。この押圧剥離にも次のような種類があります。

　A：不定形の押圧剥離。剥離痕が一定ではなく様々です（図6　4〜7）。
　B：長軸に直交する押圧剥離。長軸に直交するように両側縁から押圧剥離を施す例。

第一工程

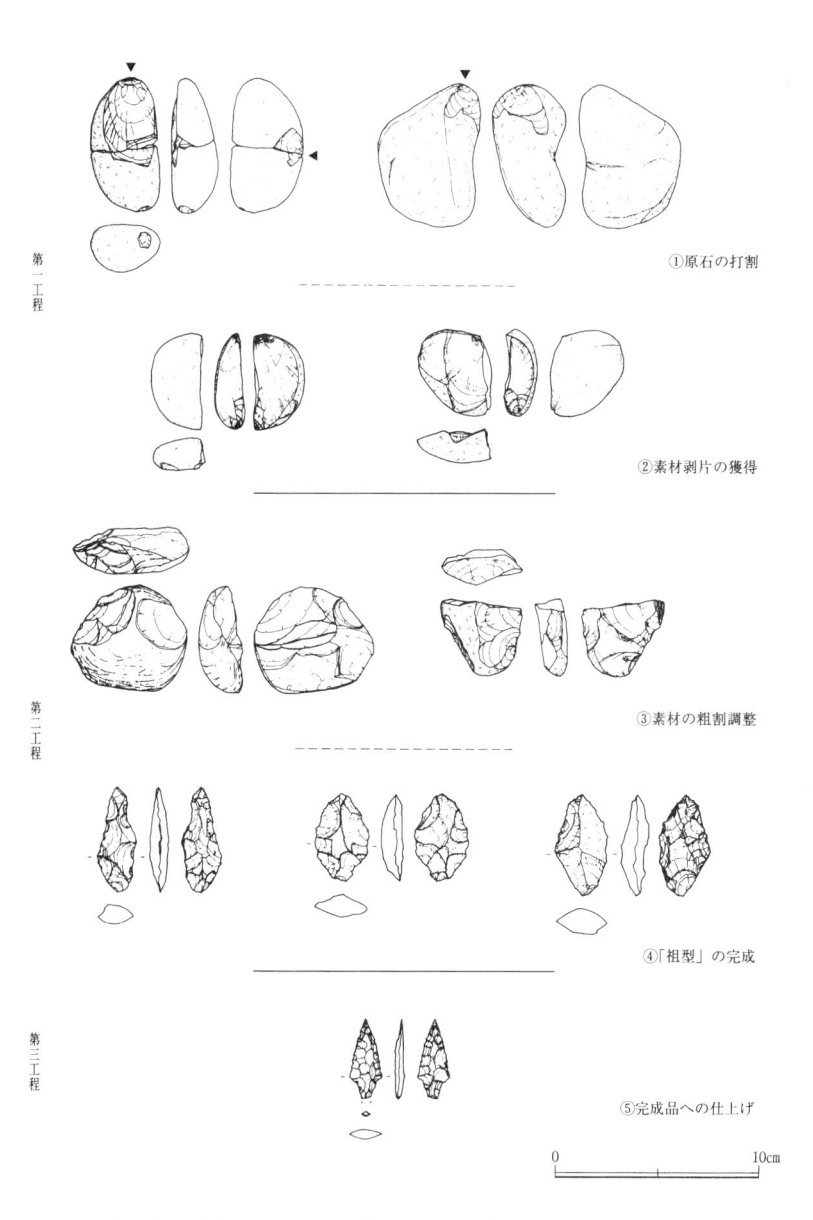

①原石の打割

②素材剥片の獲得

第二工程

③素材の粗割調整

④「祖型」の完成

第三工程

⑤完成品への仕上げ

0　　　　　10cm

図5　前三舟台遺跡における有舌尖頭器の製作工程（藤山2003より）

7　有茎尖頭器にみる縄文草創期の世界　*111*

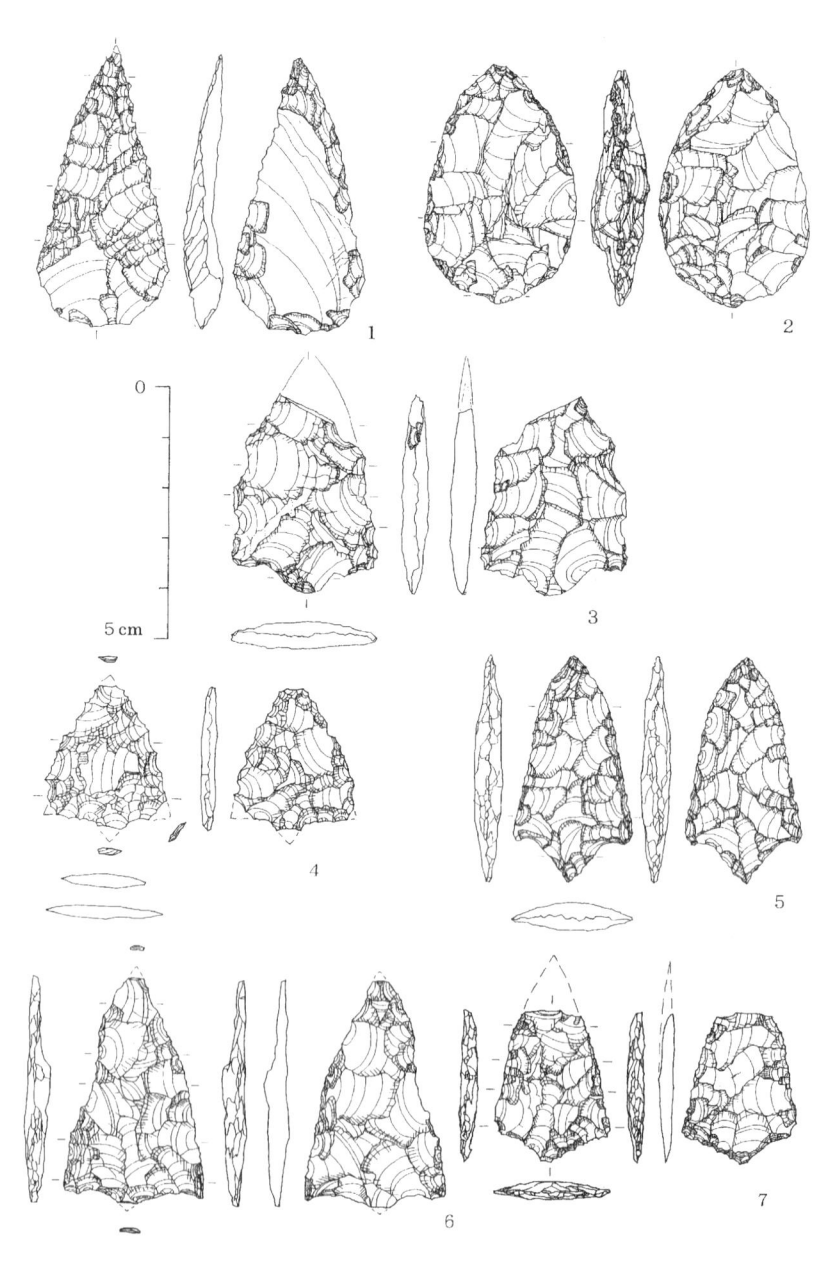

図6　上黒岩遺跡の有茎尖頭器未成品・成品

C1：長軸に対し左右どちらかの縁から斜めに斜状平行剝離し、反対の縁方向からも同様な斜状平行剝離が延びる例（図7　1〜4）。
C2：長軸に対し、両側縁の遠位方向から斜状になる斜状押圧剝離で、V字状を示す（図6　1）。
D：有茎尖頭器の中軸線より左右のどちらかが平行押圧剝離と斜行押圧剝離で構成されるもの。

　これらの押圧剝離パターンのうち、上黒岩遺跡の有茎尖頭器に観察される調整技術は何が特徴的かといいますと、Aの不定形押圧剝離です。ほかのBの直交するパターンやCの斜状平行剝離は本当に少量です。Aの不定形押圧剝離で調整するような技術で作られた上黒岩遺跡の有茎尖頭器は長さが短いことも特徴です。とりわけ刃部長に比較して茎部が短く、茎部の底辺が幅広の逆二等辺三角形を呈していることも上黒岩の有茎尖頭器の特徴です。

有茎尖頭器の形態的特徴

　上黒岩遺跡の有茎尖頭器と同じ特徴をもつ例は西日本では兵庫県の国領遺跡、徳島県のシンヤマ遺跡、高知県不動ヶ岩屋洞穴、同県森駄馬遺跡等で見つかっているだけで、近畿地方・中四国地方では十指に満たないのです。一方、C1の斜状平行剝離をもつ有茎尖頭器は、斜めに平行する押圧剝離を施すという大変難しい技術をもつもので中・四国や近畿地方で見つかった例の多くが該当し、更に東海地方にも分布しています（図7）。四国の研究者のなかにはC1を主体とする多くの遺跡とAを主体とするグループについて、地域差ではないかと予想する人もいます。しかし上黒岩などのAの不定形押圧剝離をもつ有茎尖頭器は長野県柳又遺跡のものと同じグループと考えられ、C1のグループと同様な広域分布を示すことから、地域差というよりも時期差ではないかと私は思います。

　最初にAの技術が特徴的な上黒岩遺跡のグループについて観察します。有茎尖頭器の長さの領域は柳又遺跡の例と上黒岩遺跡の例は大して変わりませんが、尖端部分から茎部までの刃部幅が柳又例には幅が1.3cm〜2cmまでの細長い例も一定量作られています（図8）。柳又の場合は有茎尖頭器幅の分

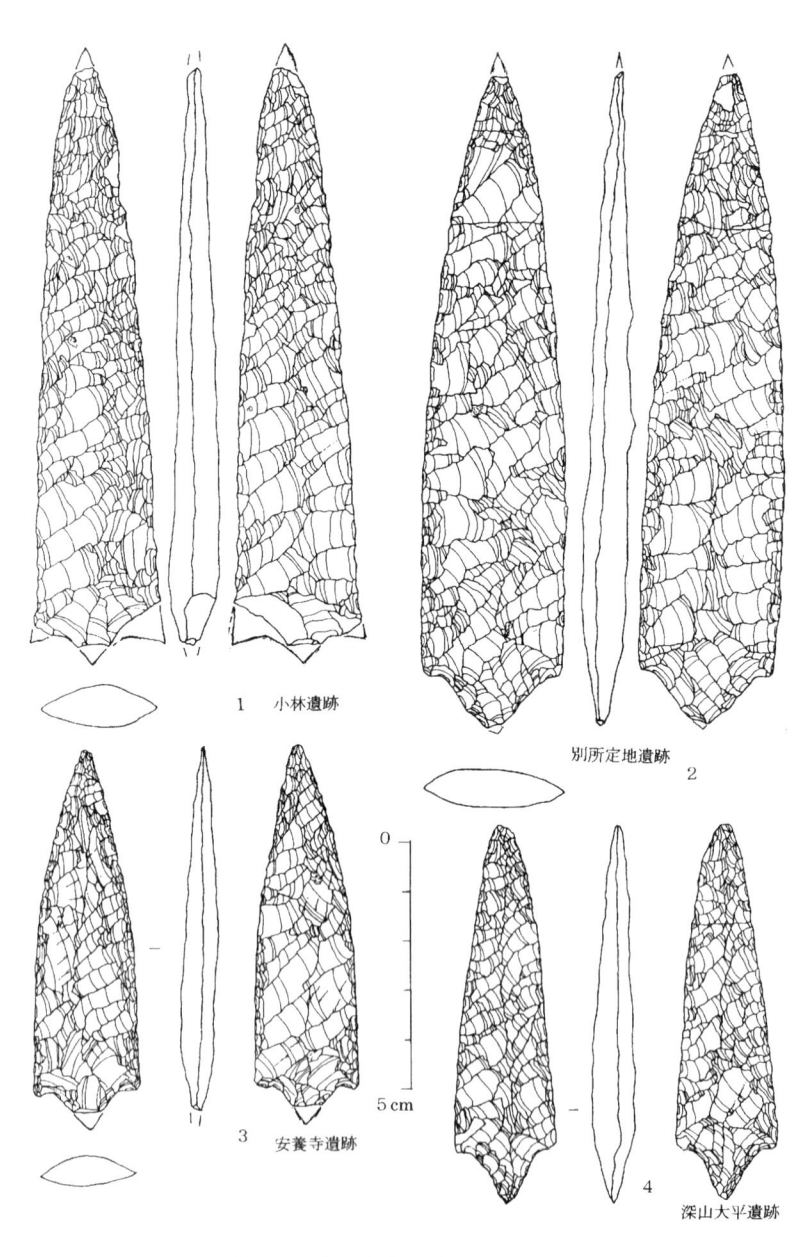

図 7　愛媛県内沿岸部地域の有茎尖頭器（多田 1997 より）

114

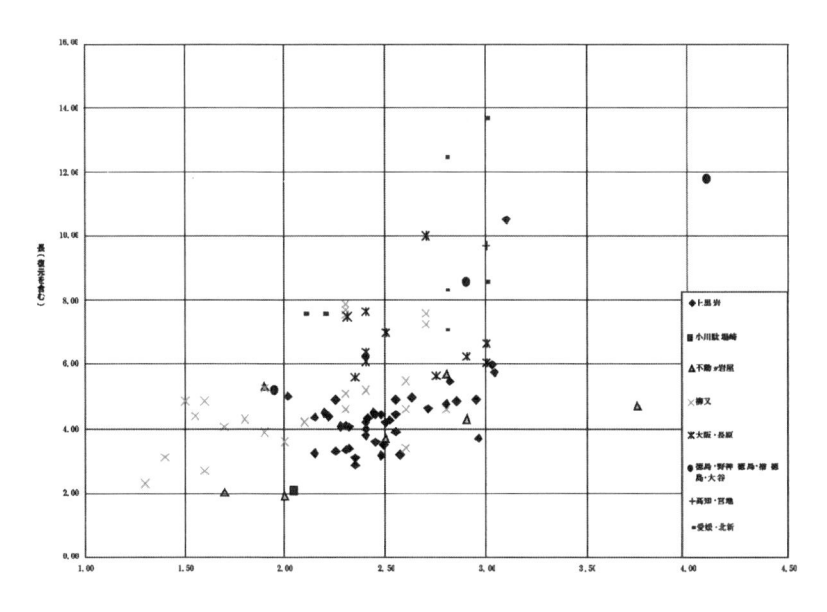

図8　有茎尖頭器の長幅比

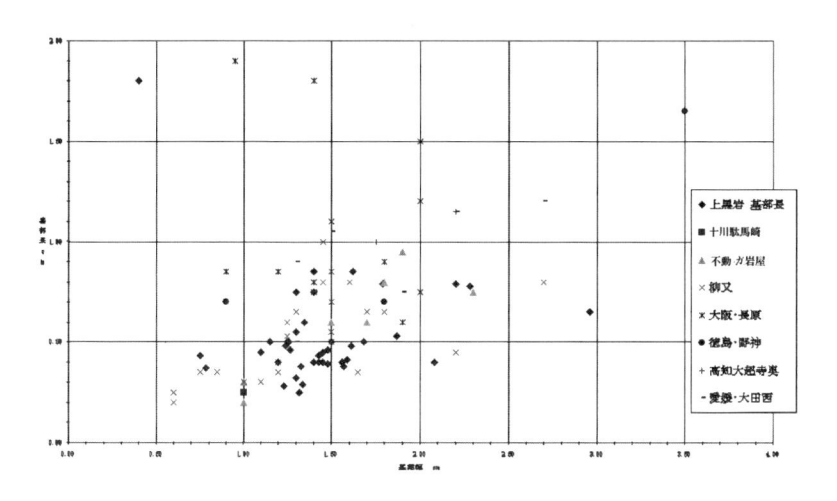

図9　有茎尖頭器の基部長と基部幅

7　有茎尖頭器にみる縄文草創期の世界　115

布領域が広いことがわかります。それに対して上黒岩の有茎尖頭器の幅は、柳又の幅分布領域の幅広い部分にデータが集中しています。また、柳又の有茎尖頭器は上黒岩より長い例の存在を示すことから細長の傾向が読み取れます。いずれにしても両者の長幅データの分布が重なる部分も大きく、近縁的な属性も同時に示しているといえます。

　上黒岩遺跡で特徴的な有茎尖頭器のグループとC1の斜状平行剥離を施した有茎尖頭器のグループは具体的にどう違うのかということをもう少し観察してみたいと思います。上黒岩遺跡の周辺地域、中・四国、近畿の遺跡で出ている有茎尖頭器は全長が非常に長い感じをうけます。しかもそれらの茎部をみると上黒岩遺跡例に較べ長く、逆二等辺三角形の二辺が長辺となる長い二等辺三角形であることが中四国・近畿の有茎尖頭器の特徴です（図9）。

　これまで観察してきた有茎尖頭器の全長や基部長（茎部長）からみちびき出された押圧剥離Aのグループと押圧剥離C1のグループを私は時期差の関係にあると言いました。実は、奈良県の桐山和田遺跡・北野ウチカタビロ遺跡では上黒岩遺跡の隆起線文土器からみるとやや新相の隆起線文土器が伴い、上津大片苅遺跡では爪形文土器などと伴に押圧剥離C1の有茎尖頭器が出土しています。このことから大型で斜状平行剥離をする押圧剥離C1の有茎尖頭器について、これまで上黒岩遺跡例との関係で新旧を言及した見解はありませんが、実は新しい様相で、上黒岩の方が古いのではないかと私は考えております。今までは大型から小型化という推移で石器を説明することが多かったのですが、むしろ投槍としての有茎尖頭器は上黒岩のような多量の小型有茎尖頭器と少量の弓矢（石鏃）を加えた装備から、大型の有茎尖頭器に弓矢を加えた装備に変わったと私は思います。その際、石鏃と考えられる「有茎尖頭」とは切り離して考える必要があります。

石器の石材と有茎尖頭器

　次に、有茎尖頭器と石材の関係はどのようなものでしょうか。上黒岩遺跡は四国山地の真只中に位置しています。この遺跡で有茎尖頭器の石材として選択されたのは赤色硅質岩が18点、サヌカイトが3点、無斑晶質安山岩が

3点出ています。それから頁岩が5点、チャートが9点あります。チャートは有茎尖頭器の石材としては二番目に多く用いられています（図10）。また無斑晶質安山岩は剥片石器の石材としてはもっとも多く使われていますが、不思議に有茎尖頭器にはあまり使われていません。同じグループの不動ガ岩屋洞穴例はチャートを用いています（図11）。これに対して押圧剥離C1主体とする大型の有茎尖頭器の石材は、ほとんどがサヌカイトで占められています（図11）。

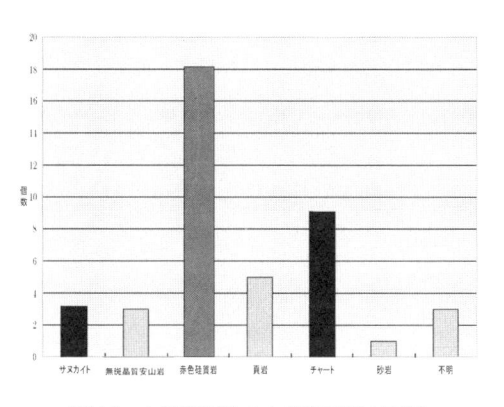

図10　上黒岩遺跡の有茎尖頭器の石材

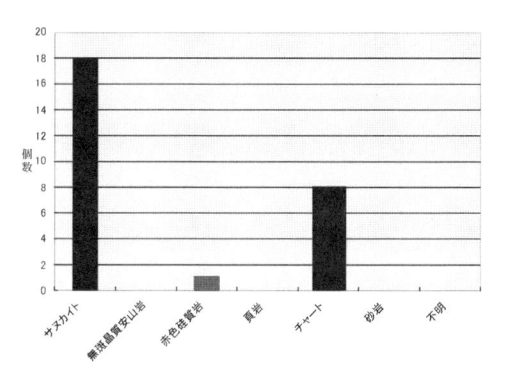

図11　四国周辺の有茎尖頭器の石材

狩猟具の変遷と上黒岩遺跡

これまで有茎尖頭器の話をしましたが、狩猟具の変遷については鈴木道之助さんの意見がよく知られています。すなわち、9層の有茎尖頭器と木葉形尖頭器、それから7層の有茎尖頭器と木葉形尖頭器と石鏃、そして6層の石鏃、という変遷です。その狩猟具としての使用方法は、有茎尖頭器が投槍、木葉形尖頭器は突槍、石鏃は弓矢ですね。狩猟具の変遷として考古学的に非常に美しいということで、色々な人に引用されてきましたが、鈴木さんが立論の前提として考えたのは、「9層には石鏃がない」ということで、弓矢を使っていなかったと解釈し、7層には石鏃があることから論を展開します。しかし、上黒岩遺跡7層の石鏃は僅か3点です。この3点という数量を考える際に知っておきたいことは、発

掘の時に丁寧に掘って出てきた石鏃の数よりも、住居址のなかの土を水洗して見つかる石鏃の方が多いことが知られていることからすれば、鈴木説の立論の前提になった7層に石鏃があるということは9層との比較において石鏃の数量的にあるなしを対等に論じられるいい根拠ではないと思います。更に今回の上黒岩遺跡の整理作業において7層だけでなく、9層からも石鏃が出土していたことがわかったことからすれば、その感をいっそう深くします。

　それから木葉形尖頭器についてですが…。この木葉形尖頭器はいまひとつ実態がわかりませんでした。実は、鈴木道之助さんの論文をみると、図がのっていません。しかし鈴木さんの『石器の基礎知識』という著作に上黒岩遺跡出土の「木葉形尖頭器」の写真がありました。これを元に私が調べましたところ類例は100点以上あり、狩猟具とすれば上黒岩遺跡における縄文時代草創期段階はきわめて狩猟的性格の強い遺跡ということになります。ところが「木葉形尖頭器」というくらいですから、「尖端」の方が尖っていると思っていたのですが、あまり尖っていませんし、「基部」にあたる部分が半円形になるようにこしらえています（図12）。ほかの有茎尖頭器というのは、動物を刺すために先端部分を丁寧に尖らせますが、この「木葉形尖頭器」というのは、尖端部にあたる部分は全然尖っていません。粗いままなのです。むしろ、「基部」にあたる部分に丁寧に調整加工をしているのです。また有茎尖頭器や石鏃ですと、対象物にあたるなど、何かの理由で尖端部が少し欠けていますが、そういうことがほとんどありません。むしろなかほどで半分に折れた例が大半です。なかには長さ4cm前後の完形品で、上端部を自然面として残した例がありますが、これなどは明らかに上端よりも基部にあたる部分を注意深く半円形に調整しています。したがって「木葉形尖頭器」される例の「尖端部」が基部で、「基部」が刃部と推定されます。つまり木葉形尖頭器という槍ではないのではないか。むしろ唯一出ている局部磨製石斧から研磨を除くと形や加工がよく似ていて、おそらく石斧やヘラ形石器などの加工具であると考えています。

　今日、土器の使用が長者久保・神子柴文化期まで遡り、柳葉形の神子柴型尖頭器や神子柴型石斧が発達することで知られています。確かに上黒岩遺跡

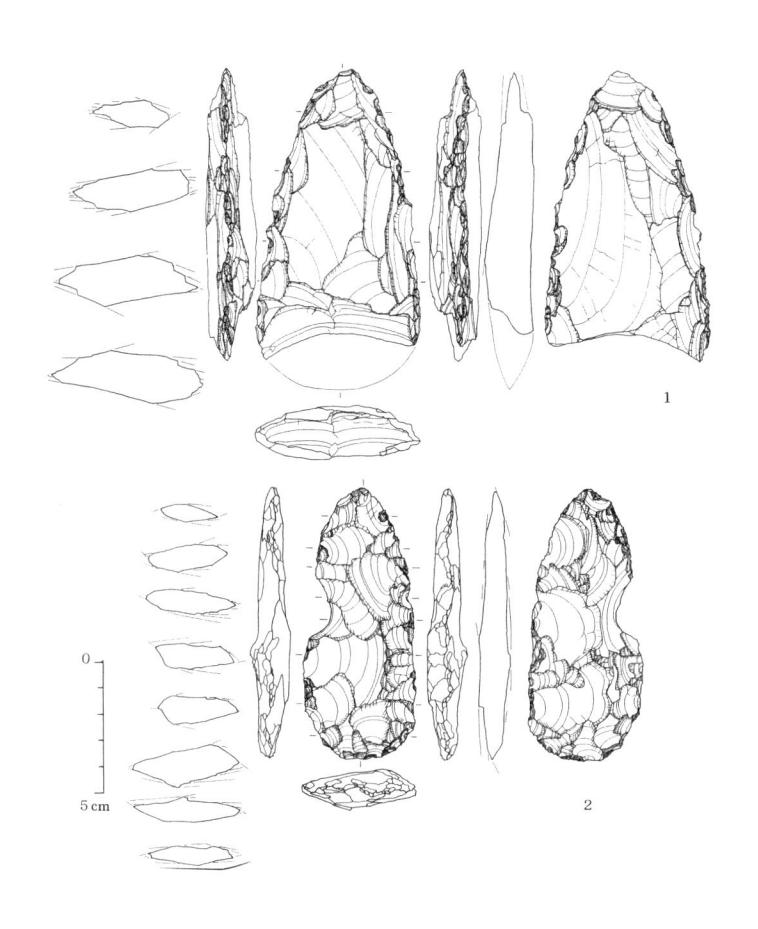

図12　上黒岩遺跡の石斧・ヘラ形石器

の発掘成果を根拠とした鈴木道之助さんによる美しい説、狩猟具の変遷過程は考え直さなければいけませんが、その視点は長者久保・神子柴文化期の柳葉形尖頭器を含めた狩猟具の変遷を考えるとき、非常に示唆に富んでいるといえます。

　それから、上黒岩遺跡の石鏃についてですが、藤山龍造さんは鈴木道之助さんの説を受ける形で、上黒岩の有茎尖頭器には1g以下の小型品が少なくないことから石鏃としての機能をもっていると考えて、鈴木さんの有茎尖頭

7　有茎尖頭器にみる縄文草創期の世界　119

やや幅広　角度をつけて
　　　　　こする

上黒岩の事例

通常の典型的矢柄研磨器の
事例（二個一対）

白い物質
骨・角の残滓？

両端より深い

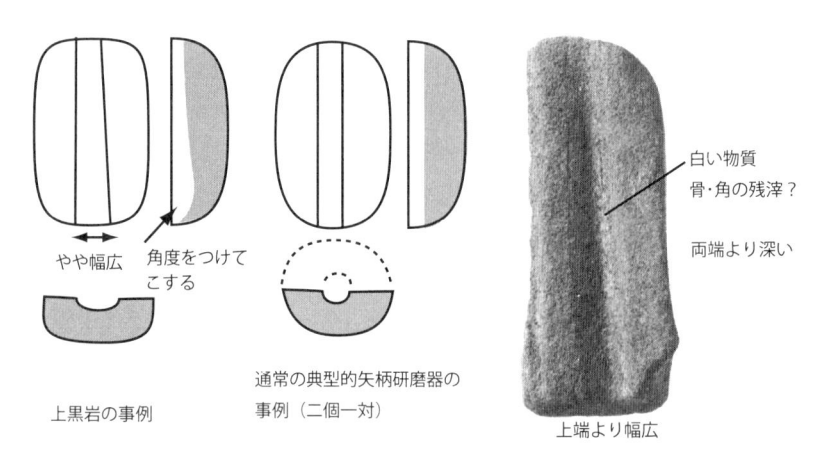

上端より幅広

図13　有溝砥石（左）と矢柄研磨器（右）の模式図

図14　上黒岩遺跡の有溝砥石
（写真：国立歴史民俗博物館）

器投槍説の内、小型品を否定的に考え、石鏃ではないかと考えています。私も上黒岩、柳又それから森駄馬遺跡、…これも長さが1.5cmくらいから2cmくらいあり、通常の石鏃の大きさと比較しても差はありません。これらを実際に使うことを考えると、石鏃と考えた方が妥当ではないかと考えております。おそらく上黒岩例のような有茎尖頭器を作るなかで、製作技術的にはよく似た、しかも機能的に飛び道具いうことで、有茎尖頭器の形を借用するような感じで鏃を作ったのではないかという気がします。したがって上黒岩から出ている断面が半円形の典型的矢柄研磨器は、有茎尖頭器の小型例や7・9層で出土した通常の石鏃との関連で再評価する必要があると思います（図13）。

　私の知る限り、矢柄研磨器・有溝砥石は上黒岩遺跡では3点あります。そのうちの1点がここの歴博にありますが、実は典型的な矢柄研磨器と違っており、有溝砥石とみるのが妥当です。典型的な矢柄研磨器は長円形で、断面が半円形となり長軸の平坦面に溝が一条通っており、普通は2個1対で矢柄を挟み込んでごしごしと調整すると考えられています。それに対して、歴博所蔵の有溝砥石は、中央部分が微妙に両端より深いことと（図13左・14）、

120

小口側の一方の溝の入り口部が幅広い。だから、右利きであれば左手に砥石を持ち、右手に持った研磨対象物の先端を砥石にあてて、往復運動を繰り返す身振りが想定されます。その際、中央部がやや深いのは、角度をつけるから真ん中あたりが両端より深くえぐれたのではないかと思います。江坂輝彌さんはその部分に少し白い物質がついていて、これが骨を擦った時の残りかすではないかといわれており、もしそうであれば、矢柄とは別に角度をつけてごしごしと先を尖らせる意図をもった道具の製作が想定されます。

　研磨対象物を有溝砥石の表面から角度をつけて研磨する身振りからすれば、2個一対として使うことはとてもできないので、1個で作業をしていたと思います。今上黒岩遺跡の狩猟具としてはっきりしているのは、有茎尖頭器と少量の石鏃と尖頭器ですが、有溝砥石で角・骨などを磨く時に使ったとすれば、骨角を材料とした鏃などほかの狩猟具があったのかもしれません。

　簡単にまとめてみたいと思います。7層〜9層まで、土器は隆起線文段階の土器ですが、ほとんど変化のない状態です。9層から7層までの間には石鏃や普通の柳葉形尖頭器も極少量あります。鈴木さんのいう「木葉形尖頭器」の実態はおそらくスクレーパー的な多目的機能をもった加工具（石斧やヘラ形石器）であると思います。したがって有茎尖頭器は、「突槍」とされた「木葉形尖頭器」と一緒に狩猟具を構成するものではなく、むしろ上黒岩遺跡においては、動物を狩るための主要な狩猟具であったといえます。

有茎尖頭器にみる縄文時代草創期の世界

　有茎尖頭器の製作技法の面では上黒岩には不定形の押圧剥離技術で作った例があり、中四国・近畿で広く盛行した斜状平行剥離で作った例より古いと私はいいました。これらの分布と石材との関係を観察してみたいと思います（図15）。まず不動ガ岩屋、森駄馬、シンヤマ等の各遺跡は上黒岩の有茎尖頭器とよく似た形です。茎部が幅広くて短い。刃部といいますか尖端までの長さも短いグループです。上黒岩例は近隣の赤色硅質岩、不動ガ岩屋例と森駄馬例も近隣のチャート、シンヤマ例もそれほど遠くない香川県地域のサヌカイトを石材としています。これに対して、中四国・近畿で広く盛行した斜状

平行剥離で作った例のうち四国では推定香川県産のサヌカイトを石材としており、高知県・愛媛県地域にまで達しています。これをまとめると、四国の山中や不動ガ岩屋、森駄馬遺跡など四国で古相の有茎尖頭器の段階では、地元の石を使っているのです。しかし、斜状平行剥離などでこしらえた大型の有茎尖頭器の段階では、四国全体に及ぶように推定香川県産のサヌカイトを石材とした例が分布しています（図15）。この背景として考えられるのが、定住傾向の強まりとともに初源的交易・交換システムが形成されことに遠因があると考えます。

図15　中国・四国・東九州の有茎尖頭器の分布図

　縄文時代草創期における初源的交易・交換システムの形成がサヌカイトの流通をもたらしたわけと考えますが、これは続く縄文時代早期に東九州にも達する推定香川県産サヌカイトの遠隔地間の流通にも続いていくわけです。近くでは上黒岩の東方、高知県飼古屋岩陰遺跡では縄文時代早期の包含層から出土石器の70％近くが香川県産のサヌカイトといわれています。上黒岩遺跡の縄文時代草創期の石器類にも若干は香川県産のサヌカイトがあるけれど、大型のサヌカイトで作った有茎尖頭器が広がる以前の、サヌカイトが流通する萌芽的な段階ではないかと思います。

　最後に上黒岩遺跡の狩猟具と、日本の縄文時代草創期における狩猟具の様相について述べ、終りたいと思います。

　これまで述べてきました有茎尖頭器は上黒岩遺跡から40～50点出ており、狩猟具としてもっとも主要な石器であることがわかっています。また、やや新しいC1の調整加工で製作された有茎尖頭器を主体とする遺跡も東海地方

西部から近畿・中国・四国で膨大な事例があります。これに富山・石川・福井の各県を加えた有茎尖頭器の出土数を橿原考古学研究所の光石鳴巳さんがまとめていますが、978遺跡で1165点が数えられています（光石2005）。最初に私は有茎尖頭器を草創期の指標的な石器であるといいましたが、実は中部地方北部から東北地方にかけてはこれほど多くの遺跡と有茎尖頭器はありません。たとえば最近詳細な報告書が出た山形県日向洞穴遺跡は、東北地方を代表する縄文時代草創期の遺跡ですが、それによると膨大な石器類のなかに僅か2点の有茎尖頭器しかありません。こうした本州東北部と本州西南部・四国の違いは狩猟時における狩猟方法の違いを反映している可能性がありますが、具体的研究は今後に委ねたいと思います。

文献

芹沢長介 1966「新潟県中林遺跡における有舌尖頭器の研究」『日本文化研究所研究報告』第2集

多田　仁 1997「愛媛の有舌尖頭器」『愛媛考古学』第14号

東北学院大学文学部歴史学科佐川ゼミナール 2006『山形県東置賜郡高畠町日向洞窟遺跡西地区出土石器群の研究 Ⅰ』

藤山龍造 2003「石器出現期における狩猟具の様相―有舌尖頭器を中心として―」『考古学研究』50-2

光石鳴巳 2005「本州西半部における縄文時代草創期の様相」『平成14〜16年度科学研究費補助金（若手研究B）研究成果報告書』

8 上黒岩遺跡における生業活動

姉 崎 智 子

　みなさん、こんにちは。群馬県立自然史博物館の姉崎と申します。
　今日は、これまで分析作業をすすめてきました上黒岩遺跡から出土した動物遺体について、ご報告させていただきます。よろしくお願い申し上げます。
　上黒岩遺跡から出土している動物遺体には、大きく三つの特徴があります。一つは、カワニナが大量に出土するということ。一つは、汽水産、海水産の貝類が存在すること。最後は、多様な陸棲哺乳類です。このカワニナ・海の貝・陸獣の三つを軸に話を進めていきたいと思います。
　さて、みなさまもご存じのとおり、上黒岩遺跡の発掘は過去複数回に渡っておこなわれてきました。そのうち、1次、2次、4次については部分的に

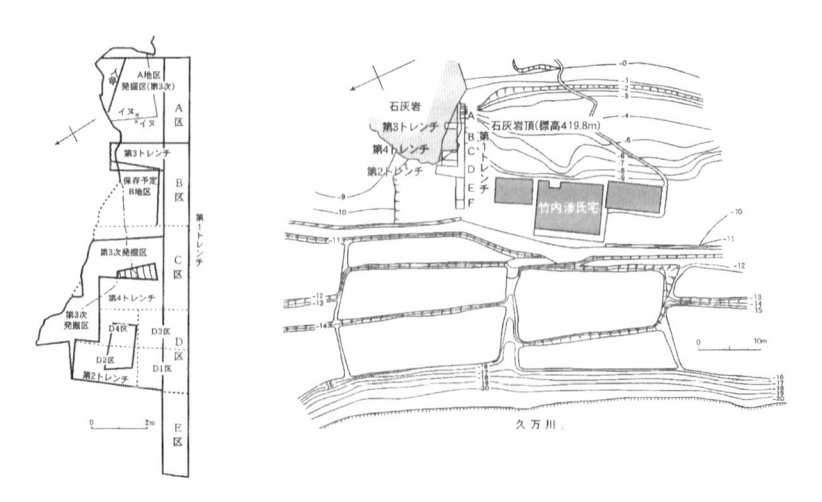

図1　上黒岩遺跡発掘区（左）と平面図（右）（愛媛県歴史文化博物館 2005 より）

表1 カワニナ出土層位　　　これまでの報告　　　今回の確認

発掘区	F	E	D	C	B	A	A拡張区
層位	1969.8.2～8.14	1962.7.21	1962.7.29	1962.10.18	1969.8.2～8.14	1969.8.2～8.14	1969.8.2～8.14
1			土師器				
2	撹乱層		縄文後晩期土器			黒褐色混土貝層	
3			前期轟式土器			灰白混土貝層	混土貝層
4	黄褐色砂土		第一黒土層押型文	第一黒土層押型文	混貝灰黒土層	混貝灰白土層	混貝黒色土層
5	含礫褐色粘土層		第一破砕礫層	第一破砕礫層	第一破砕礫層	第一破砕礫層	第一破砕礫層
6	灰黒色粘土層		第二黒土層	第二黒土層	黒色粘質帯	黒褐色土層	
7	褐色粘質土層		第二破砕礫層	第二破砕礫層	第二破砕礫層	粘性褐色土層	
8	褐色土層		黄褐色土層	褐色粘土層	黄褐色土層	破砕礫層	
9	黄褐色粘質土層		黒色バンド 褐色土層 黒色バンド 細隆線文土器	黄褐色粘土層	黄褐色土層		
10	破砕礫層		青褐色粘性土層	粘土層	黄褐色粘質層		
11	河原石層		破砕礫層	礫層	角礫層		
12			青褐色粘土層	粘土層	青褐色砂質水成層		
13			落盤層	砂層	黒褐色土層		
14			青褐色粘土層	粘土層			

ですが出土した動物遺体について報告がされています。そこでまずは、これまでに報告されている内容について整理をしてから、現在進めている作業内容についてご紹介させていただきたいと思います。

図1は、平成17年度に愛媛県歴史文化博物館において開催された企画展の図録（愛媛県歴史文化博物館2005）から拝借したものですが、上黒岩遺跡の発掘区は図のように設定されています。

洞窟の奥から手前にむかってA・B・C区となっています。そして、洞窟の最奥部がA拡張区です。残っている部分がB区の保存された面です。

各発掘区と層位の関係は、表1に示したとおりです。横軸は発掘区、発掘された年と期間が書いてあります。縦軸が層位で1層から14層ということになります。つまり、Fのほうが手前で洞窟の入り口となり、層位の数字が大きい下の方が古いというようになっています。この表に対してこれまでに

8　上黒岩遺跡における生業活動　*125*

報告されているものをあてはめていきたいと思います。

まずは、先ほど上黒岩遺跡の三つある特徴のうちの一つと申し上げました、カワニナが検出された層位について検討してみましょう。これまでの報告では、6層から上、洞窟の手前部分から奥にかけて出土していると記載され、その量も少なくなく目立つと記述されています。これらのカワニナが食用であったのか、自然堆積したものであったのかはよくわかっていません。

図2　上黒岩遺跡から大量に出土したカワニナ（S=1cm）

このほかには、垂飾品として加工された汽水産、海水産の貝類が6層から出土し、3層からオキシジミ・サルボウ、上層でカガミガイ・ハマグリなどが出土していると報告されています。上黒岩遺跡は沿岸部から40kmあまりも離れたところにあるので、示唆的です。

つぎに陸棲哺乳類についてみますと、イノシシ・シカが多く、そのほかタヌキやアナグマ・テン・ウサギ・クマなども出ていますが、基本的には他の日本列島の縄文時代の遺跡から出土している動物と類似しています。動物の種類が豊富であること、現代では絶滅してしまっているオオヤマネコやオオカミが含まれているのが特徴です。

ただし、これまでに報告された動物遺体のなかでも、1962年と1976年では、同じ資料を分析していると想像されるのですが、確認されている動物種の数が異なります。こういったことをふまえながら、資料の分析をおこなっていきます。

ここで、これまでの報告で明らかになっていることをまとめましょう。カワニナについては、縄文早期以降、つまり6層から上層で確認されています。海の貝については、6層から垂飾品が確認され、3層以降出土量が増えていきます。陸棲哺乳類については、動物の種類が多く、なかでもシカが若干多い傾向があり、またヤマネコやオオカミなどの絶滅種も含まれます。

以上をふまえて、まだ分析がされていない第1次から第5次発掘で得られた資料を分析し、具体的にどのような形で遺跡を形成した人びとが動物を利用していたのかについて把握することを目標に、現在作業を進めています。つまり、現在まだ分析作業は進行中であり、この点につきましてご了承いただきたいと思います。

　そのため、今回ここで報告させていただきますのは、カワニナの出土区と出層位、その出土量については量が多く、カウントしきれていないのが現状でして、あとは汽水産、海水産貝類の出土区と出土層位と、陸棲哺乳類についてはその種類と構成比、それと部位別出現頻度、解体方法といったことを、これからお話ししていきたいと思います。陸棲哺乳類については洞窟の一番奥の部分、A区とA拡張区の全量についてのみご報告申し上げます。量に関しては、定量的に厳密な議論をするには、実は本遺跡の資料はさまざまな課題を抱えておりますので、分析をして明らかになった事実の範囲で解釈をしていきたいと思います。

　さて、カワニナですが、全量を確認しました（図2）。動物遺体が保存されていた箱をすべて確認し、カワニナを抜き出しました。総量的にはダンボール3箱くらいあります。発掘当時、これだけの量を持ち帰ったことを考えると脱帽です。全量では推定で1万5千点以上あると思われます。

　どの発掘区から検出されたのかを確認すると、これまでいわれていたところよりも深い下層、9層から6層までの間でも検出されていることがわかりました。しかも、洞窟の奥で多く回収されています。感覚的には、4層と6層、破砕層をはさんだ上と下の部分でもっとも多く見つかっているようです。

　つぎに、海の貝についての分析結果をご報告いたします。これまでの報告では、D区の4層と6層から多く出土しているといわれていました（表1）。資料を実際に確認していきますと、A区の8層から汽水産のヤマトシジミが、7層からハマグリが出ています。そしてその上層からオキシジミ、ハイガイのほか種々の貝が出てくる傾向があるということがわかりました。これは洞窟遺跡を形成した人びとがはるか離れた沿岸から貝を入手した、ということを示しています。

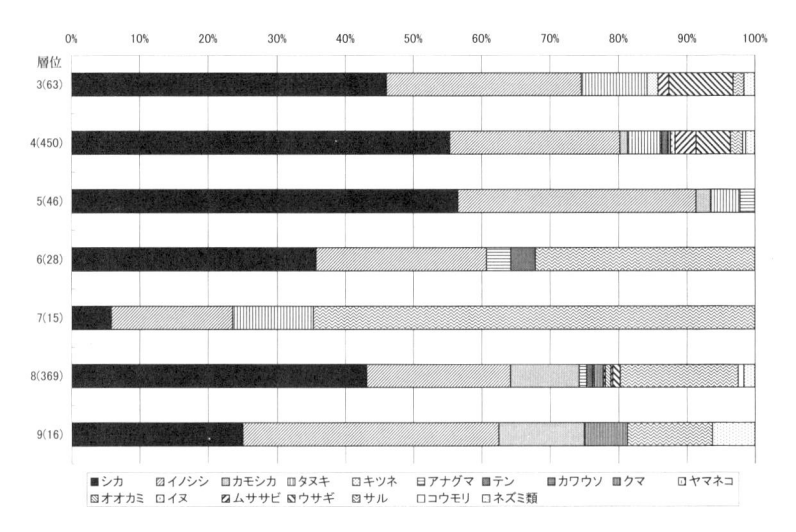

図3 同定破片数による陸棲哺乳類構成比（NISP）

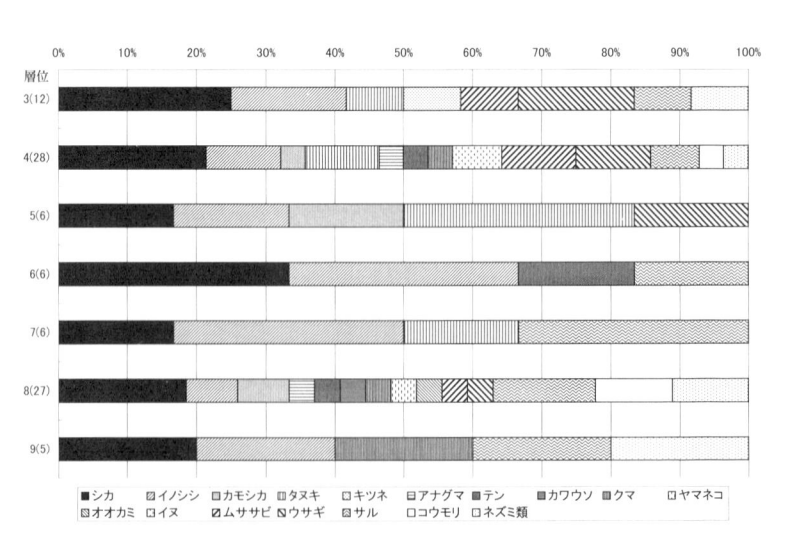

図4 推定最小個体数による陸棲哺乳類構成比（MNI）

128

A区、A拡張区の分析で確認された哺乳類については2265点の分析が終了していまして、確認された種は17種類です。ネズミについてはおそらく2、3種類はいると思われますが、ネズミ類として一括しております。

　基本的な内容としてはイノシシ・シカ・カモシカ・サルです。そして、今里に出没することで話題になっているツキノワグマや、タヌキ・アナグマ・キツネ・イヌ・そのほかカワウソ・ウサギ・ムササビなど、さまざまな動物が確認されました。カワウソ・コウモリにつきましては今回新しく確認されました。

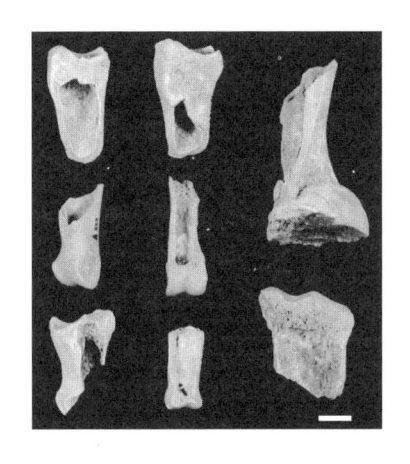

図5　割られたシカの骨（A拡張区4層下部＝縄文時代早期）

　つぎに、これらの動物がどのような割合で検出されているのかをみたいと思います。図3は、破片数、つまり同定した破片数によってどれくらいの割合なのかというのを算出した構成比、横軸は%です。おもだった種名が書いてあります。図4が、推定最小個体数によって算出した割合です。図3と図4を比べていただきますと、同じ資料をもとに、異なる算出方法をもちいて数値をだしていますが、割合が異なります。

　もうお気づきかと思いますが、これはシカの骨が非常にこまかく割られていることによります。つまり、推定される個体数に対して破片数が多いということなのです。割合としては、基本的にシカが多い傾向に変わらないですが、そのほかに注目されるものとしてはサルが多く、イノシシ・カモシカ・クマがいるというような構成になっています。

　これらの動物の骨は、かなり割られているのが特徴です（図5）。わたしも猟師の方々と一緒に山に狩猟に行っているのですが、獲物を解体するとき通常であれば骨に傷は付きません。中の骨髄を取り出すにしても、骨幹部、骨の長い部分を割って骨髄を出すくらいで、こまかな指先まで割るような作業

8　上黒岩遺跡における生業活動　129

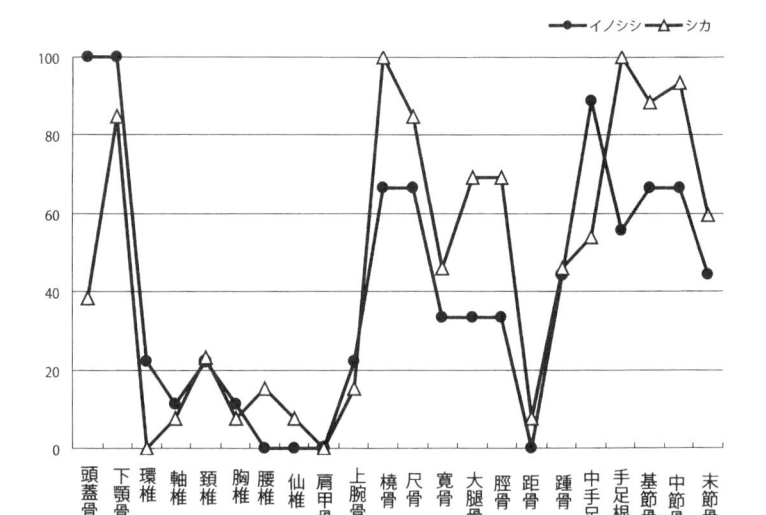

図6 イノシシ、シカの部位別出現頻度（％MNI）

　は、現在ほとんどみられません。明らかに、明確な意図があって、緻密で非常に堅い上腕骨の遠位端や、橈骨の近位部、指などを割っているということがうかがえます。

　さて、それを念頭におきながら、各層位の状況をみていきたいと思います。資料は図3・4になります。推定個体数と、破片数で算出しているものの両方の種構成比グラフが出ています。まず、個体数のほうからご覧ください。

　縦軸は層位です。下が古く、上が新しい。カッコ内は個体数で横軸は％です。イノシシとシカにつきましては、基本的にまんべんなく上から下まででています。イノシシは人と同じ低地の動物で、一方シカはどちらかというと森林性の強い動物ですが、両者がまんべんなく出ています。下層の方でサルとかクマとかカモシカなどの森林性、山岳地系の山に住んでいる動物が目立ち、4層から上はどちらかというと、タヌキとかウサギなど里の周辺で現在もみられるような動物が確認されたというのが特徴です。

　破片数でみても同じようなことがいえますが、シカの割合が増えます。イ

ノシシも増えています。これは先ほど申し上げたように、個体数に対して破片数の数が多い、つまりこの2種はよく割られているということになります。

では、どのような部位が確認されたかといいますと、図6に示したとおりです。多くの遺跡では、上腕骨の遠位端や橈骨の近位端など、関節面の堅い部分が非常によく残ります。反対に、椎骨や肋骨といったもろい骨は残りにくい傾向があります。上黒岩遺跡ではイノシシとシカともに、上腕骨・橈骨・大腿骨・脛骨が、比較的多い傾向がみられます。しかし、注目されるのは、指先の骨です。基節骨・中節骨・末節骨の頻度が高い傾向が、確認されたことです。中手骨や中足骨の頻度も、それほど低くありません。

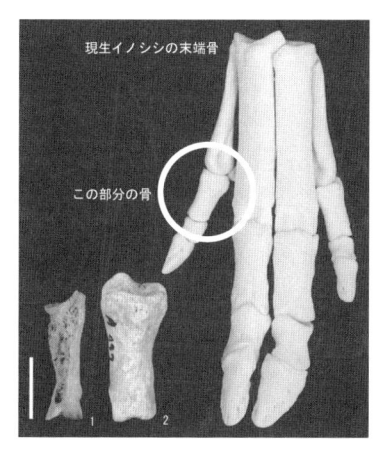

図7　半截されたイノシシの第2/第5基節骨（1）と割られていない基節骨（2）

イノシシですけれども、指をこまかく割る傾向は、草創期の段階からみられます。割られてないものもちろんありますが、3割以上が割られて見つかっています。

図7はイノシシの前脚の骨です。写真右の大きな骨が現生イノシシの左中手骨から末節骨で、(1)、(2)の第2/第5基節骨は本遺跡から出土したものです。(1)と(2)の基節骨は、とても小さいのですが、(1)をみると、縦に割られています。

比較的太い骨でしたら、割って中の髄を食べても不思議ではありませんが、この小さい骨さえも割られていることが、非常に注目されます。

以上の結果をまとめます。カワニナは9層から1層まで出土し、6層と4層で目立ちます。出土量は洞窟の奥で多くなっています。話すのが遅れましたけれども、殻高が35mm前後の親の貝が多いことと、比較的大きさが揃っているというのが特徴です。もちろん、そのほかのヤマタニシであるとか、

淡水性の貝も一応出ていますが、カワニナが圧倒的に多く、貝類の95％を占めています。カワニナが大量に出土する理由については、現段階ではわかりません。自然堆積なのかもしれませんが、洞窟内の土壌の堆積状況などのこまかい調査によって、今後明らかになってくると思います。

　汽水産の貝ではヤマトシジミが8層から出ていて、海水産の貝は7層からハマグリ、5層から上でハイガイ、オキシジミなどが出ていました。上黒岩遺跡は標高400m、海岸部から40km以上離れている場所にあって、こういった海で採れる貝を持ち込んでいます。

　陸棲哺乳類ですけれども、検出された種類は多様です。8層と4層で出土量が多いことがわかりました。シカとイノシシは全層位から出土しますけれども、4層ではタヌキ、ウサギ、ムササビ、8層についてはカモシカ、クマ、サル、あとは絶滅種であるヤマネコやオオカミなども出ています。いずれも指先の骨の出土が多くて、こまかく割られているということが特徴です。

　最終氷期以降の温暖化により自然環境が変化して、人びとは状況の変化に適応を余儀なくされました。それまでの獲物であったナウマンゾウやオオツノジカといった大型獣ではなく、より俊敏に動くイノシシとかシカを捕らえるには、知恵をしぼらなければならなかったと思います。そういったものを捕らえる行為というのは、動物の生態を完全に理解し、生息場所を把握して、なおかつそれを仕留めるだけの知見と体験、体力、処理能力がなければできません。彼らはすべてを備えていたということがいえるでしょう。

　もしかしたら、水産資源の利用としてカワニナがオプションとして入っていたのかわかりませんが、四国のほかの縄文草創期の洞窟、不動ガ岩屋であるとか中津川、穴神洞などの遺跡からも、ワニナは多く検出されていますので、他遺跡との関連性も気になるところです。これについては今後の土壌の分析など、ほかの分析結果が待たれるところです。

　いずれにしても上黒岩の資料は、縄文時代の始まりの頃における人びとの行動がいかなるものであったのかを、明らかにする証拠の一つでありまして、今後作業続けていく中で、その姿というのがより具体的に明らかになってくるものと思われます。

以上で発表を終わらせていただきます。ありがとうございました。

文献

愛媛県歴史文化博物館 2005『平成 17 年度企画展 上黒岩岩陰遺跡とその時代―縄文文化の源流をたどる―』

9　上黒岩遺跡の縄文早期人骨

岡 崎 健 治・中 橋 孝 博

　九州大学の岡崎です。よろしくお願いします。私の専門は人類学で、おもに遺跡から発掘される古人骨を研究しています。それで今日は、上黒岩遺跡出土の縄文早期人骨についてお話ししたいと思います。

　この分野では、明治時代から長年日本人の起源が、主要なテーマとして議論されてきました。こうした成果から日本人の構成は、縄文時代にすでに日本列島に住んでいた人と、弥生時代に大陸から新たに渡来してきた人びと、この両者の混血によって成り立っているという考えが有力になっています。しかし、国内だけではなく、大陸における古人骨に関する研究が進むにつれて、弥生人についてはやはり大陸とのつながりが明らかになってきましたが、縄文人については大陸の同じ時代のどこを探しても、似た特徴をもつ人骨は見つかっていません。縄文人は東アジアのなかでもかなりユニークな集団であることがわかってきて、学会では改めてその起源や成り立ちが注目を集めています。

　簡単に時代区分を示しました。縄文時代の約1万年間が、いかに長いかがわかると思います。縄文人の起源や成り立ち、この問題を解決することがなぜ難しいかといいますと、縄文人骨は戦前から全国的に多数見つかっていますが、そのほとんどが縄文後・晩期にあたります。縄文の始まりの頃の人骨が、ほとんど見つかっていないことが、この問題の解決を難しくさせています。そこで、今回扱わせていただいた上黒岩遺跡は、数少ない貴重な縄文早期の人骨であり、この問題を解決するための重要な資料になると考えています。

　始めに縄文人の身体的な特徴について簡単に説明しますと、まず、鼻の根

本の部分を鼻根部といいますが、非常に立体的です（図1）。そして顔の高さが非常に低く、寸詰まりな顔です。一方、弥生人は鼻の根本が非常に平らでなめらかで、顔の高さが非常に高いです。正面からみると、左側の弥生人はどこかのっぺりした面長の顔で、右側の縄文人はごつごつした彫りの深い寸詰まりな顔です。いわゆるソース顔、醤油顔、

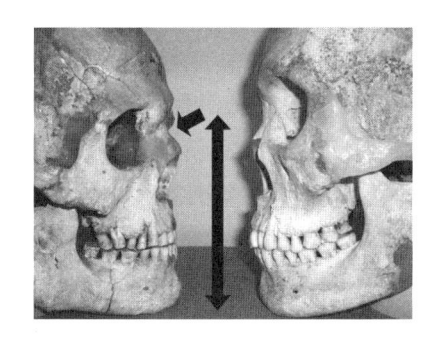

図1　縄文人（左）と弥生人（右）の鼻根部と顔高の対比

そうした違いに近いものがあります。弥生人の特徴については、同じ時代の大陸においても共通した特徴をもつ集団が多く見つかっており、これはおそらく大陸の北方の寒冷地に適応した人びとが、のちに新石器時代になって東アジアに広く拡散していく過程のなかで、その一部が弥生時代になって日本列島にも入ってきた、という考えが有力になっています。この考えは渡来説とよばれていまして、さまざまな遺伝学的な分析や、現代人の地域性からの分析からも支持されていますが、もっとも直接的な証拠として、大陸と日本列島から出土した人骨が非常によく類似していることがいえます。たとえば長江下流域の南から出土した、弥生時代とほぼ並行する前漢時代の人骨と、大陸に近い福岡県の遺跡から出た弥生人骨を比べてみます。先ほど説明した、面長でのっぺりとした顔、そうした特徴だけでなく、細部にわたる特徴まで非常によく類似しています。一方、縄文人については、同じ時代の大陸のどこを探しても似たような特徴をもつ人骨が見つかりません。試しに福岡県の遺跡から出た縄文人骨と、中国山東省の縄文時代と重なる大汶口時代人骨を比べてみても、山東大汶口人は縄文人とは明らかに異なり、どちらかといえば、先ほどののっぺりとした面長の顔である弥生人と似ています。それではその縄文人に似た特徴をもつ人骨を広く探してみますと、旧石器時代にまで遡ってしまいます。沖縄の約1万8千年前の遺跡から出土した港川人は、縄文人と寸詰まりで彫りの深いという点で非常によく類似しています。それで

はこの港川人が縄文人の祖先かというと話はそう単純ではなく、沖縄ではこの港川人以降約1万年間の資料の空白があり、縄文時代までの連続性を追うことができません。また、大陸の旧石器時代の化石人類においても、一部縄文人と類似した特徴をもつ人骨が見つかっています。中国南部の柳江人は、顔の高さが低く寸詰まりという点で弥生人に比べれば明らかに縄文人に似ています。先ほど説明した、大陸の北方から新石器時代になって東アジアに拡散していった人びとを新モンゴロイドとよぶのに対して、旧石器時代にすでに大陸に広く分布していた人びとを古モンゴロイドとよんでいます。先ほどの柳江人や港川人も、こうした古モンゴロイドの一部と考えられます。縄文人の祖先も、こうした古モンゴロイドが旧石器時代に、まだ陸続きだった日本に渡ってきた可能性が考えられます。しかし、この可能性を検討しようとした際に、旧石器時代はもちろん、縄文時代の始まりの骨がほとんど見つかっていないことが障害になっていました。

　大変前置きが長くなりましたが、こうした状況のなかで上黒岩遺跡の人骨についてみようと思います。図2は頭と顔の形と大きさを表わしていて、上に向かうにつれて先ほどいった低くて幅の広い寸詰まりの顔です。右側に向かうにつれて全体的なサイズが大きくなります。◆が縄文人、■が縄文人の子孫と考えられる弥生集団、□が渡来してきたとされる弥生集団、▲が中世人、○が近世人、●が現代人です。これをみればわかるように、縄文から弥生にかけて顔の高さが非常に高くなり、その後、現代まで、全体的なサイズが左に向かって小さくなることが、わかると思います。一番左上にある、No. 6901 が上黒岩遺跡の男性です。縄文後・晩期人と比べると、全体的なサイズがかなり小さく、更に顔の低さが一層低いです。

　次に、比較的残りのいい頭蓋骨が多かった女性についてみますと、やはり、No. 6902 の女性は、先ほどの男性と同じように縄文後・晩期人よりも、全体的なサイズが小さく寸詰まりの顔をしています（図3）。しかし、右端の No. 6904 をみていただければ、顔の高さについては縄文後・晩期人と同程度ですが、全体的なサイズは逆に大きいです。また、別名ヤナセという名前のついた上黒岩遺跡の女性ですが、やはり後・晩期人と比べるとサイズが若干小

低広顔

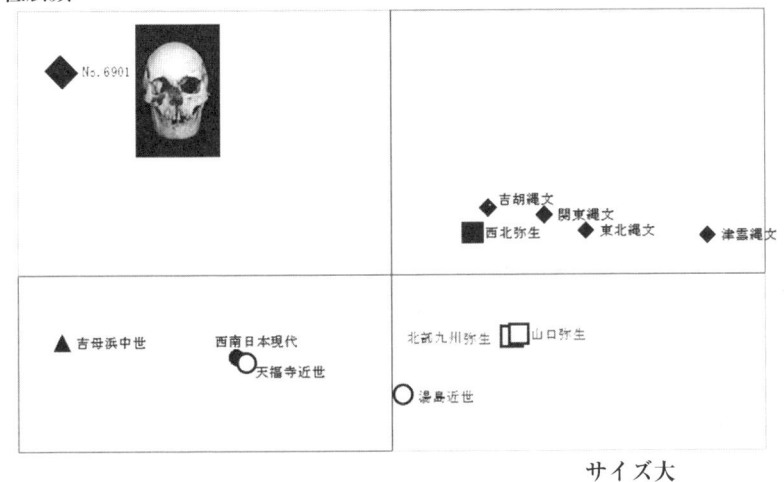

サイズ大

図2　頭と顔の形と大きさ（男性）

低広顔

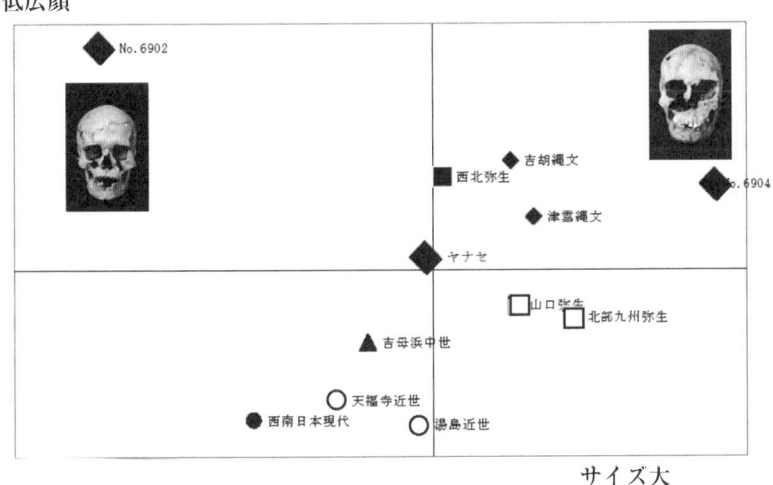

サイズ大

図3　頭と顔の形と大きさ（女性）

9　上黒岩遺跡の縄文早期人骨　137

さく、顔の高さについては縄文人と弥生人の中間くらいにきます。実際に人骨をみてみましても、№6904 はやはり顔のサイズがかなり小さく、それに対してヤナセでは顔の高さが若干高いです。

次に、鼻根部についてみようと思います。図4はちょっとわかりにくいのですが、Bと示している鼻骨の立体性を表わしています。上に向かうにつれて、立体的な鼻骨になっています。上黒岩№6901 の男性は、やはり東日本の縄文後・晩期人と同様に、比較的立体的な鼻骨をもっています。それに対して渡来してきたとされる弥生集団はかなり平坦な鼻骨をもっています。つぎにAと示している鼻根の湾曲度をみてみます。先ほどの図とは逆に値が小さいほど湾曲が強いなります（図5）。№6901 の男性は関東の縄文後・晩期人、九州の縄文後・晩期人、あと縄文人の子孫と考えられる西北九州弥生人や比較的近い関係にあるといわれる広田の弥生人と同様に湾曲度がかなり強いです。一方、渡来してきたとされる弥生集団とそれ以降の人びとではかなり平坦な鼻根部をもっていることがわかるかと思います。実際に人骨をみても、湾曲が強くかなり立体的になっています。

次に女性についても同様にみますと、№6902 の女性は縄文後・晩期人よりも一層立体性が強いです（図6）。№6904 の女性は縄文後・晩期人ほどではありませんが弥生集団と比べるとかなり立体的な鼻骨をもっていることがわかると思います。つぎに鼻根の湾曲度をみますと№6902、№6904 ともに縄文後・晩期人と同様に、湾曲度の強い鼻根をもっていることがわかると思います(図7)。実際に№6902 の女性をみますと、鼻骨の出っ張りが強いです。

以上をまとめますと、上黒岩遺跡の縄文早期人は、縄文後・晩期人と共通して顔の高さが低く、広く立体的な鼻根部をもっています。その程度は後・晩期人と同程度もしくはそれ以上と思います。一方サイズについては、頭では個体変異が大きく身長も決して低くなかったため、従来指摘されていた縄文早期人が後・晩期人よりもサイズが小さいという傾向は、本研究資料からは認められませんでした。

それでは、なぜ縄文人がこのような特徴をもっているのかということについては、いまだ明確には理解されていないのですが、ここではその成長パター

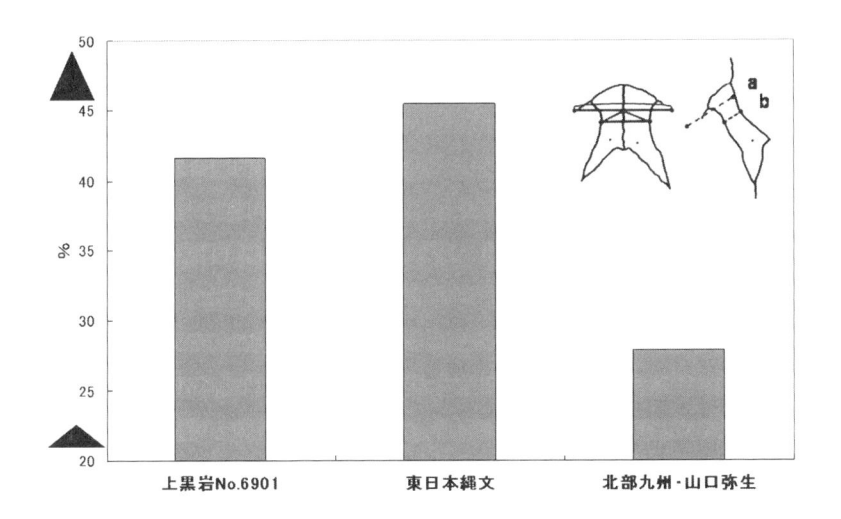

図4　鼻骨の立体性（男性）

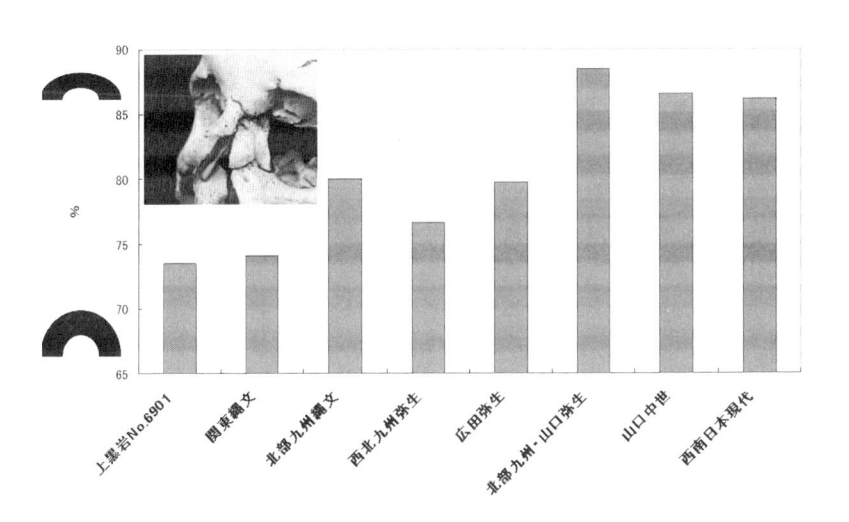

図5　鼻根の湾曲度（男性）

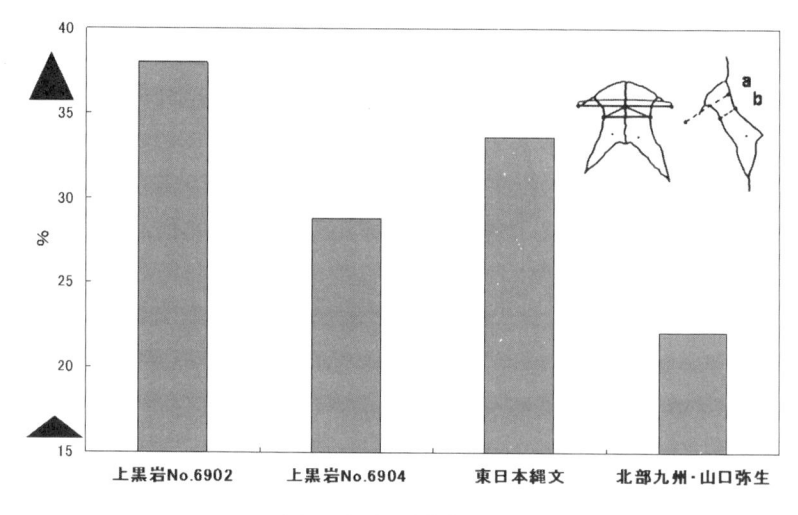

図6 鼻骨の立体性（女性）

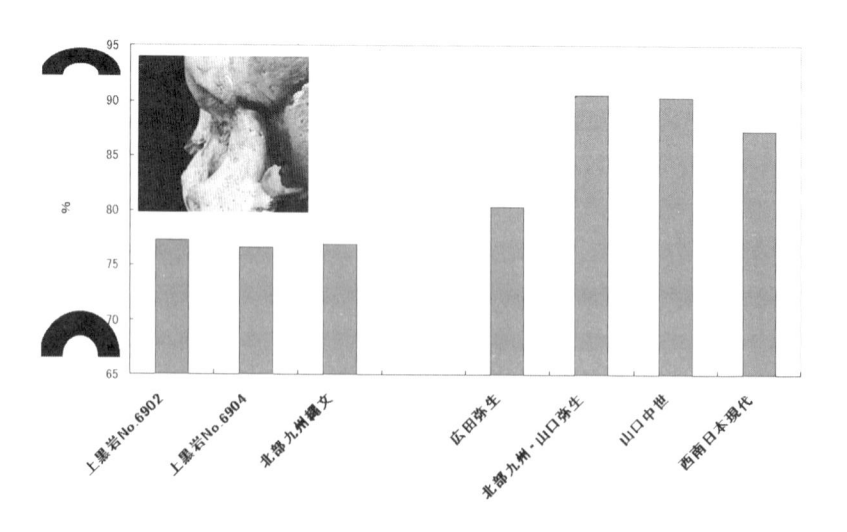

図7 鼻根の湾曲度（女性）

140

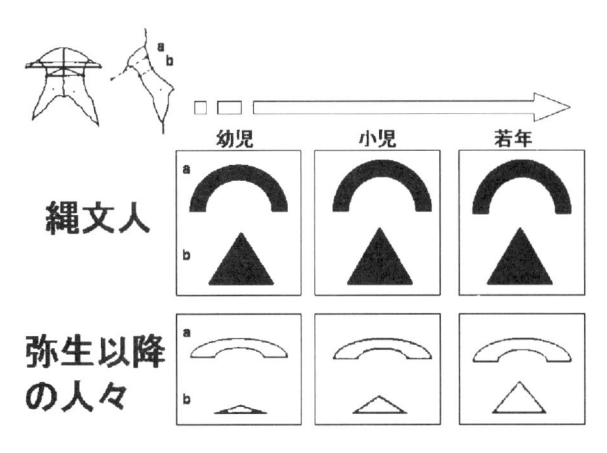

図8　縄文人と弥生人の鼻部の成長パターン

ンから検討をおこないたいと思います。成長パターンというのは、生まれてから成長とともに、どのような過程を経てこういった特徴が形成されているのかということです。先ほどの、鼻根部の特徴をみてみます（図8）。U字形が鼻根部、三角形が鼻骨です。上が縄文人、下が弥生以降の集団です。縄文人は幼児期からすでに立体的な鼻骨、湾曲度の強い鼻根をもっており、その後大人になるまでほとんど変化が認められていません。つまり、幼児期からすでに立体的な鼻根部をもっています。それに対して、弥生以降の集団では、鼻根部は幼児期から平坦で、それ以降ほとんど変化していません。ただ、鼻骨に関しては、加齢とともに若干立体性を増しています。ただ、その程度は十分ではなく、大人になっても縄文人よりも平坦な鼻骨をもっています。

　このように、環境の影響が比較的少ないと思われる幼児期からこうした特徴があらわれているため、縄文人の立体的な鼻根部というのは、遺伝的な要因で決まっている可能性が高いと思われます。それではなぜ縄文人の鼻が立体的かといいますと、実は世界各地の集団と比べた場合、縄文人の鼻根部が立体的というよりも、弥生人を含めた新モンゴロイドとよばれる人びとの鼻根部が、極端に平坦であることがわかります。今提示されている有力な仮説

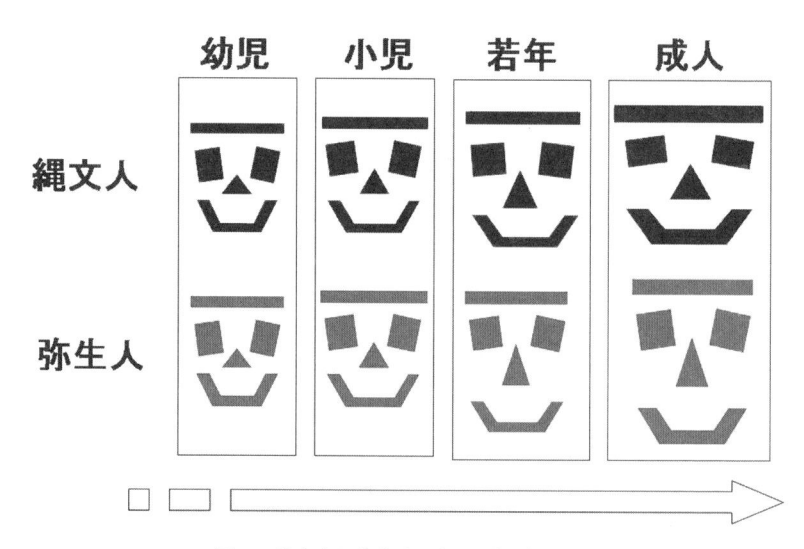

図9 縄文人と弥生人の顔面型の成長過程

としては、新モンゴロイドとよばれる人たちの祖先が、大陸の北方の寒冷地に適応した際に、立体的な鼻は凍傷にかかりやすいため、なるべく凍傷にかかりにくい平坦な鼻根部をもった人が、生き残ったのではないかいう可能性が、示されています。ここで示された成長パターンとも、矛盾しないと思います。

　次に顔のかたちの成長パターンについてみてみますと、このような図しか書けなくて申し訳ないのですが、黒のベタが縄文人、アミのかかったグレーが弥生人です（図9）。幼児～小児期では、二集団の顔の高さの特徴にはほとんど違いがみられません。しかし、若年期になりますと、グレーの弥生人は比較的縄文人よりも顔の高さが高くなり、現代人では高いだけではなく顔の幅が狭くなります。そして若年期においては、大人にみられる特徴と同様に、縄文人の顔が低く幅が広いという傾向が認められます。このように、縄文人の寸詰まりの顔という特徴は、幼児期や小児期では認められませんでした。左側が今回復元した上黒岩遺跡の縄文の幼児です（図10）。顔が半分失われているのですが、それでも右側の弥生幼児と比べても、顔の高さが低く幅が

142

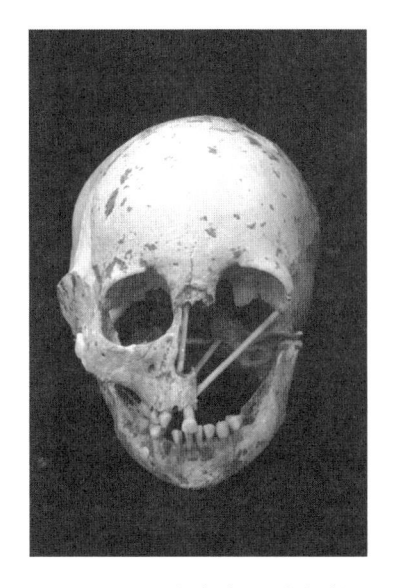

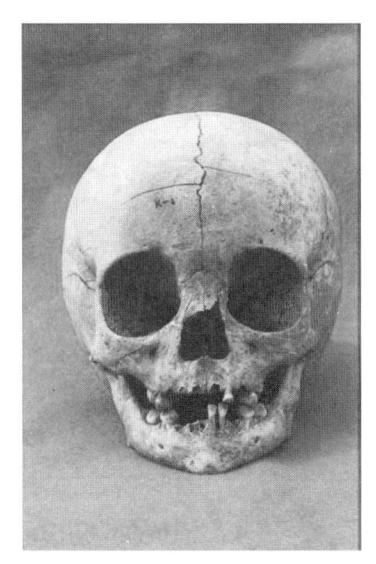

図10　縄文幼児と弥生幼児（左：上黒岩遺跡　左：塚崎東畑遺跡）

広いという特徴はみられないと思います。こうした顔の高さという特徴、寸詰まりな顔というのが、比較的遅い年齢から発現していたため遺伝的な要因というよりは、なんらかの環境による影響によるものかといえば単純にそうだとはいえません。それはなぜかといいますと、こうした縄文人の寸詰まりな顔という特徴は、思春期における顔の高さの成長によって生まれており、思春期における顔の高さの成長は、遺伝的な要因による規制が強いといわれているからです。縄文人の顔の高さは、10歳から12歳になるまでは増加を続けますが、その後、大人と同様の高さになり、その後はほとんど変化していません。しかし、弥生人は小児期までは縄文人と同じように顔の高さが成長するのですが、思春期になっても増加を続け、結果的に大人になった時点で弥生人の顔の高さが高いという特徴が現われます。たとえばみなさんも男の子が中学校や高校生になったら急に父親の顔に似ていったという印象をおもちの方も多いのではないでしょうか。

　以上をまとめますと、縄文人の寸詰まりな顔、また立体的な鼻根部両方と

も遺伝的な規制によって生まれている可能性は十分に考えられます。おそらくは旧石器時代の化石人類から受け継いでいると考えられます。今後縄文時代の始まりの骨がさらにたくさん見つかれば、そしてその時期の地域差がわかれば縄文人がどのようなルートで日本に入ってきてどのように縄文人が形成されたのかについて、さらに明確な解答を得ることができると期待されます。

　後半は上黒岩遺跡の人びとの生活についてお話ししたいと思います。骨に刻まれた当時の生活環境の痕跡を、とくに目についた四点に絞ってみたいと思います。
　まず子どもの高い死亡率です。上黒岩遺跡の人骨、もちろんこれらは死んだ人なのですが、その死亡者のなかで二十歳未満の子どもは6割にも達しました（図11）。これは、一見多いと思われるかもしれませんが古代社会では特に珍しいことではありません。子どもの骨というのはもろくて土のなかで消えてしまいやすいのですが、まれに骨の残りのいい遺跡の場合だと総じて子どもの死亡率が高いという傾向が世界各地で報告されています。とくに上から二番目の明治時代をみていただきますと、これは戸籍から算出しているのでかなり正確なデータだと思われるのですが、明治時代になっても子どもの死亡率が4割近くにも達しているのがわかると思います。おそらくは子どもが現代のように無事に大人になるまで成長を遂げる、そういった環境は比較的最近になってからのことと思います。それでは、つぎに子どもの死亡者のなかでの年齢構成をみてみたいと思います。図12をみればわかるように圧倒的に乳児が多く、つぎに幼児が多い傾向がすべての集団に共通していることがわかると思います。とくに現代のように子どもの死亡率が極端に低い集団においてもそれは例外ではありません。上黒岩遺跡においても同様な傾向がみられているため、このデータはかなり正確な結果だと思われます。上黒岩遺跡のデータは、こうした高い子どもの死亡率が縄文時代の始まりまでさかのぼれるということを示した貴重なデータだと思われます。上黒岩遺跡の人びとが古代社会のなかでもとくに生活環境が厳しかったとまではいえま

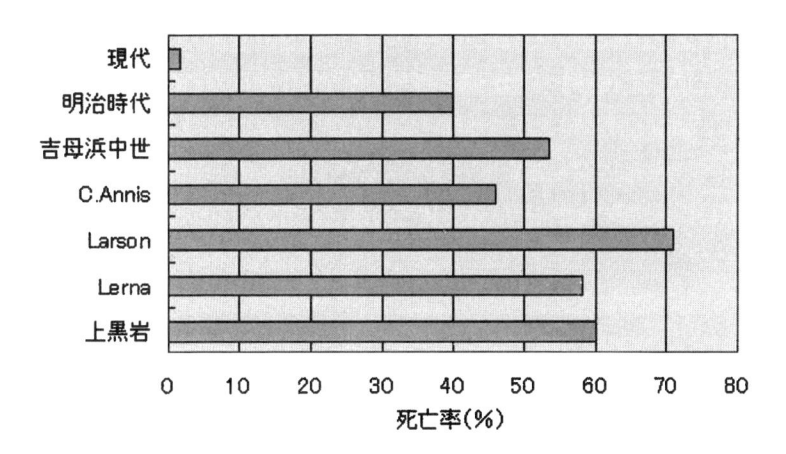

図11 未成人の死亡率

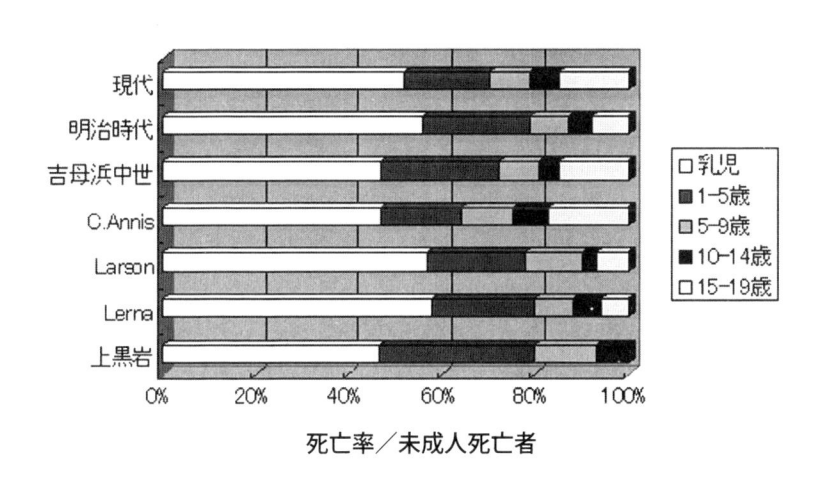

図12 未成人死亡者の年齢構成

9 上黒岩遺跡の縄文早期人骨

せんが、少なくとも医療技術や公衆衛生が発達した現代と比べれば乳幼児にかなり厳しい生活環境であったと思われます。おそらくは生まれたばかりの子どもがばたばたと死んでいく状況であったと思われます。

つぎに歯の磨り減りをみます。上黒岩遺跡の人びとは他の縄文人と同様に歯が非常に磨り減っており、なかには歯の根元にまで磨り減っているものもありました。とくに目についたのが鞍状摩耗という特殊な摩耗です。これは、歯冠の断面が下側から頬もしくは唇側にかけてカーブを描いて鞍状に摩耗することです。このような特殊な摩耗は通常の食事によっては生まれにくく、おそらくはなんらかの弾力があって繊維質のものを歯ではさみ、しごいた結果だと思われます。藁を編んでロープを作ってそれからバスケットを作っている民族事例をみます。このような特殊な摩耗は狩猟採集民だけでなく古くはネアンデルタールにも認められています。図13が上黒岩遺跡の例です。拡大写真を見ると鞍状に丸く摩耗していることがわかると思います。また、上黒岩の人びとの摩耗のもう一つの特徴として、図14の熟年女性にはっきりわかるように上顎と下顎の咬み合わせの位置がこのように波打っていることです。どのような歯の使い方をすればこのように波打つのかについては、はっきりしたことはまだいえませんが今後の検討課題になると思います。

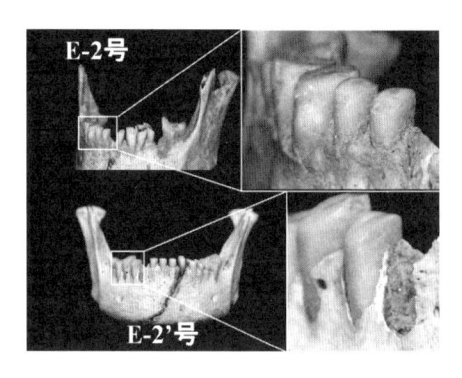

図13　上黒岩人の鞍状摩耗

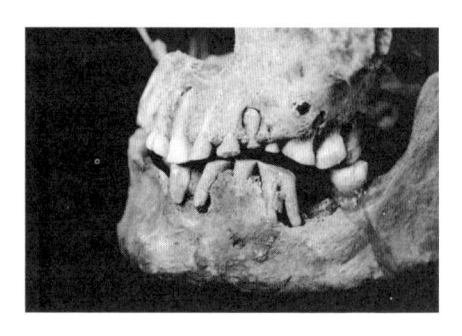

図14　上黒岩遺跡の熟年女性の上顎と下顎の咬み合わせ

つぎに背骨の関節症について みたいと思います。図15の左 側のE-2号成年男性をみていた だくと、上からの力によって 上から2番目の部分がつぶれ ていることがわかると思いま す。また炎症を起こし、棘が形 成されていることがわかると 思います。そしてついには隣の 骨とくっついています。また

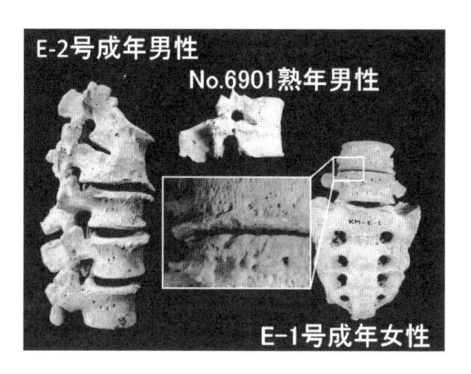

図15 上黒岩人の関節症例

No.6901熟年男性については胸の骨ですが、同様に炎症を起こしてくっつい ています。このような背骨の関節症は古代社会、とくに狩猟採集民では珍し いものではありません。おそらくは背中に大きな力がかかる仕事をしていた と思います。ただ上黒岩遺跡の例の場合、とくに目についたのは比較的若い 年齢からこうした症状が認められることです。ここでは二十代と三十代を成 年とよんでいるのですが、成年から認められています。とくに右端のE-1号 人骨をみていただきたいのですが、仙骨がまだ閉じていないため少なくとも 二十代前半の比較的若い女性と思われます。四角で囲んだ縁をアップで示し ますと、すでに角張った縁が形成されています。現代人の同年齢では、もっ となめらかでこのような縁が形成されていません。上黒岩遺跡の人びとは比 較的若い年齢から背中に力のかかる仕事をしていたものと思われます。

それに関係しますが、つぎは足の骨の断面をみます。縄文人は、現代人と 比べて太ももと脛の骨の断面形状が明らかに前後方向に大きいことがわかる と思います。足の骨は、走ったり歩いたりするときに筋肉によって引っ張ら れるため、前後方向に大きな力がかかることがいわれています。そのため長 距離の移動を繰り返す集団では、この力に対抗するために脛の骨が前後方向 に大きくなるといわれています。とくに脛の骨をみますと前後方向に大きい だけでなく左右に狭く扁平になっています。これは栄養状態が十分でなく、 骨を作る材料が不足しているときに、横の幅の成長を犠牲にして前後方向に

9 上黒岩遺跡の縄文早期人骨 *147*

大きくさせた結果という解釈がなされています。それではこの扁平な脛の骨が成長期にどのように形成されているかについてみていきたいと思います。図16は、値が下がるほど脛の骨の断面が扁平であることを示しています。生後、成長とともに扁平性が増していくことがわかると思います。

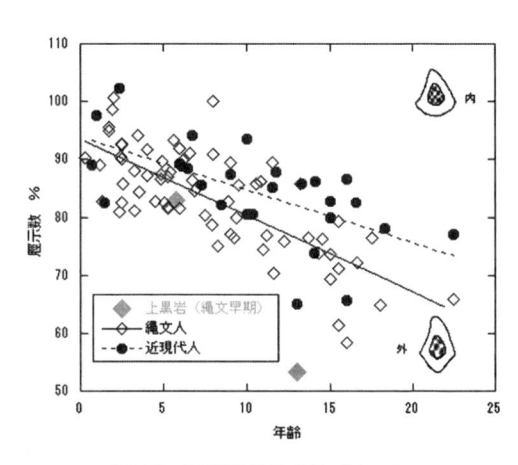

図16　扁平脛骨の成長パターン

これをみていただければわかるように、幼児・小児期ではほとんど両者の違いはありませんが10歳を越える頃には縄文人ではかなり扁平な脛をもつ個体が多くなってきます。上黒岩遺跡の人びとについては、2体ですが5・6歳と13歳くらいの子どもの例があります。5・6歳の例では現代人とさほど変わりはありませんが、13歳頃の例ではかなり扁平な脛の骨であることがわかると思います（図16）。おそらく上黒岩を含めた縄文の社会では、少なくとも思春期になる頃には長距離の移動を繰り返す狩猟採集活動に大人と一緒に参加していたものと考えられます。

　以上をまとめますと、縄文人はその時代の始まりの頃から低くて広い顔と立体的な鼻根をもっており、これらの特徴は旧石器時代の化石人類から受け継いでいる可能性が高いと考えられます。また、上黒岩遺跡の生活環境については、乳幼児期の高い死亡率と歯を道具として使った痕跡、若い年齢から背中に強い力がかかり長距離の移動をともなう仕事をしていたことがうかがえました。

　以上で発表を終わります。ありがとうございました。

上黒岩遺跡の堆積と年代的考察（コラム）

遠部　慎・矢作健二

はじめに

　上黒岩岩陰遺跡で確認された遺物包含層は、岩陰の直下に形成された巨礫を含む礫質堆積物に挟まれている。現在、保存されている堆積層断面は、厚さ・幅ともに2m程度であり、表面に保存用の樹脂が塗布され、その経年変質により、断面の汚れが進行している（図1）。このようにかなり制限された条

図1　B区保存地区土層断面

件下ではあったが、露出する礫の状況などから、筆者らは、基本層序として設定されている堆積層のうち、第V層（ここでは調査時のローマ数字の層位で記す）から第X層までの層位を確認した。本コラムでは、D区を中心に堆積層と年代の関係について論じてみたい。

1　岩陰下の堆積層の特徴

第VI層からX層までは、巨礫（各層における最大径300mm前後、ただし第VIII層には750mm以上のものあり）を含む礫層であり、礫径の淘汰は不良である。そのなかで、各層に比較的多い礫径の傾向は、VI層は径20mm前後で、第VII層では径30mm前後、第VIII層では径150mm前後と、上位ほど径が小さくなる傾向がうかがえる。なお、第X層では、断面の状態が不良なため、礫径の傾向は把握できず、第IX層は、礫よりもシルト分の方がやや多い傾向を示す。また、第VI層の上部にはシルト分が多く含まれており、カワニナの貝殻の集中部も認められた。第V層も礫層であるが、巨礫は含まれず、最大径は90mm程度、多くの礫は径10〜20mm程度である。

第V層から第X層まで共通する特徴としては、礫は多くが角礫・板状であること、各層内には成層構造等が認められないこと、礫の傾きがほぼ水平に近いということがあげられる。礫種については、第VI層からX層までは石灰岩が多く、第V層は泥質片岩が多いとみられる。また、第V層と第VI層の層界および第VIII層と第IX層の層界は比較的明瞭であるが、第VI層から第VIII層までの各層間の層界と第IX層と第X層の層界は不明瞭である。各層の層厚は、第V層で約80cm、第VI層から第VIII層までは、それぞれ20〜30cmほど、第IX層は約60cm、第X層は下限が不明であるが露出部分は50cmほどであった。

2　遺物包含層の形成について

岩陰直下の堆積層は、礫径の不淘汰な角礫からなることと、礫には石灰岩と泥質片岩が混在すること、礫の傾きがほぼ水平であることなどから、岩陰の南側斜面で発生した土石流堆積物の末端部に相当する可能性がある。おそらく、斜面上方に露出する石灰岩体および泥質片岩体の風化により生産され

た岩屑が、時間の経過ととも増えることで斜面上での安定性が減少し、多量の降雨などを契機として土石流となったというような過程が推定される。

　第Ⅷ層から第Ⅵ層までの層位については、上位に向かって礫径が小さくなる傾向が認められることと、層界には堆積間隙を示すような土壌の形成が認められないことなどから、1回の土石流堆積物である可能性がある。そして、遺物包含層とされている第Ⅳ層および第Ⅵ層、さらに第Ⅸ層のシルト分は、それぞれ、次の土石流発生までの間に、地表となったために形成された土壌であると考えられる。土石流堆積物の上面が地表となった時期に岩陰下で人間活動があったと考えられるが、発掘された遺物は、次の土石流によって瞬時に埋積されたものである可能性がある。この場合、土石流の発生時期は、直下の遺物包含層の年代にほぼ等しいことになる。

　なお、カワニナの貝殻を多量に含むことから第Ⅵ層中のシルトであると考えられる試料について分析処理をおこなったところ、花粉や植物珪酸体などの微化石はきわめて微量しか検出されなかった。また、水域に生息する珪藻の化石は全く検出されなかった。これらの結果からは、第Ⅵ層が地表面であった頃の植生等を推定することはできないが、少なくとも微化石が良好に保存されるような湿地ではなく、乾いた土壌であったことが示唆される。ただし、湿地あるいは水域環境が一時的に発生したことまでを否定するものではなく、現時点ではカワニナの貝殻の由来を決定するに至らない。

　上述した過程は、前述したように非常に限定的な情報から推定した予察ともいうべきものであり、今後、より広範かつ良好な状態での断面調査が可能となった場合には、改めて検討をする必要がある。

3　遺物包含層の年代

　Ⅸ層からは、12420 ± 60BP（EHM-C1）、12530 ± 40BP（EHM-C2）という年代値が得られている（小林・春成ほか 2006）。これは、較正年代にするとおおよそ14000 年以上前ということになり、これまでに報告されている 12165 ± 600BP（I-944）という値（β線）とも矛盾しない（江坂ほか 1967・図2）。

　次にⅥ層については、これまでに 10085 ± 320BP（I-943）（較正すると

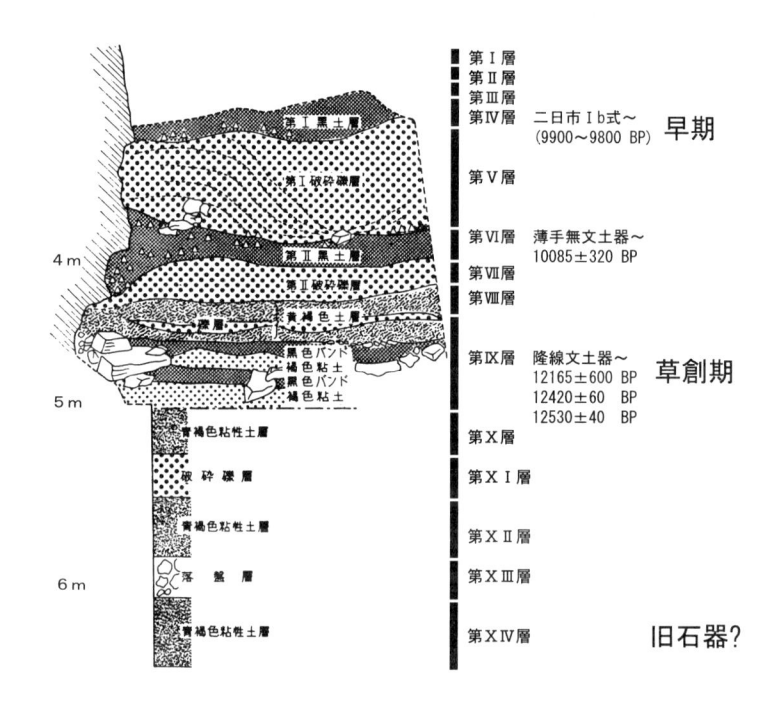

図2　D区の土層図と年代

10750-9105calBC　89.6%、9090-8830calBC　5.8%）という年代値が示されている。このⅥ層段階の資料については、炭素年代の示す年代幅も広く、これまで位置づけが流動的であった。しかし、隆起線文以降であることは層位的にも間違いない。あとは下限の問題である。

　そこで、Ⅸ層（隆起線文）→Ⅵ層（薄手無文）→Ⅳ層（早期）と大まかに変遷するなかで、Ⅳ層で初めて出現する資料の年代と、Ⅵ層の関係をみれば、大まかな位置づけを推定することが可能となる。

　Ⅳ層以降で、出現するもっとも古い段階の土器は、二日市1b式(第8文化層)と考えられる。この土器を含む文化層の年代は、9800～9900BP（較正年代では、9450～9250BC頃）となる（遠部 2006）。先のⅥ層の年代値は、β線測定で、誤差の範囲が大きいため、二日市洞穴8文化層の範囲も含むが、層位的な関係から、10750～9500calBCの間に絞り込まれることになる（表1）。

152

表1 西日本の縄文時代前半期の年代網（calBC）

南九州		北九州		中四国		近　畿	
		福井	13000-12000	上黒岩	13000-12000		
三角山Ⅰ	12000-11500						
	11500-9500	データ不足					
		大原D	10700-10300	上黒岩Ⅵ	10750-9500		
岩本	9550-9250	二日市Ⅱa	9400-9250			大川	9150-8700
前平	9130-8800	松木田	9000-8800				
加栗山	8800-8600	浦江	8800-8500			神宮寺	8630-8300
吉田	8600-8400						
石坂	8400-8200					神並上層	8300-8250
桑ノ丸	8000-7500			山形文	8200-7600	山形文	8250-7900
				黄島	7600-7400		

表2　暫定的な層位と年代値の出現状況（BP）

	カワニナの測定値			7000	8000	9000	11000	文化層想定年代
4層	7600±70	7980±60		●				
5層	9690±60					○		8500
6層	8840±60	11670±70				●	○	10000
9層	9150±50	9680±50	11640±60			●	○	12500

表3　上黒岩遺跡で出土した土器型式の年代観とカワニナの年代的関係（BP）

上黒岩出土土器の年代観		カワニナの測定値	
隆線文	12500		
		11670±60	11640±70
	堆積		
上黒岩Ⅵ	10000		
	堆積		
二日市Ⅱa	9900-9800		
		9690±60	9680±50
		9150±50	
無文・山形文	8800-8600	8840±60	
黄島・高山寺	8500-8300		
穂谷			
		7980±60	7600±70
塞ノ神式	7000		

コラム　上黒岩遺跡の堆積と年代的考察　153

これらは、積極的な評価をおこなえば、多縄文ないしは表裏縄文土器と近い年代的位置づけが予測され（小林 2007、Onbe et al. 2007）、いわゆる草創期後半にあたる可能性が高い。
　また、自然遺物の測定も重ねているが、カワニナの年代については、各文化層から出土している試料を測定した（表2）。同一層の新（●）古（○）に留意すると、相対的な層序をなしていると考えられるものの、各文化層との間にきわめて不整合をきたしていることが読み取れる。基本的に、包含遺物から想定される年代を示しておらず、考古資料との共時性を考えるうえで、示唆的なデータを示している。
　考古資料との関係を細かく検討してみると、上黒岩の各文化層は、9層（隆線文）→ 6層（無文）→ 4層以上（押型文以降）と推移し、各種の土器型式が出土しているが、それらの大まかな年代観とカワニナの測定値は、きわめて不整合である（表3）。すなわち、カワニナの測定値の中に、上黒岩遺跡から出土している各種土器の年代観に合致するものはほとんど認められない。このことは、本遺跡における人間活動とカワニナの生息環境が、非相関的なことを暗示している。

4　まとめ

　以上、上黒岩岩陰の堆積層と、炭化材、貝類を中心とした年代の検討をおこなった。堆積と炭化材の年代の関係から、Ⅴ～Ⅹ層の2枚の礫層は、時期が限定される可能性が高く、かつ、その堆積が短期間である可能性が高い。そうした状況は上下の層と比較して、Ⅵ層段階の遺物量の少ないことと調和的である。とくにⅥ層段階の年代が絞り込まれる意義は大きく、東西の併行関係などを考えるうえでも重要な事例となるだろう。
　たとえば、東日本で近い年代としては、黒姫洞穴があげられる。黒姫の土器付着炭化物の年代測定から、室谷下層併行の土器（10365 ± 50calBP）→ 撚糸文土器（10060 ± 60calBP、9850 ± 40calBP、9720 ± 40calBP）→ 沈線文土器（9050 ± 50calBP）という推移が読み取れる（国立歴史民俗博物館年代測定研究グループ2007 投稿中）。

撚糸文土器の詳細な位置づけは今後の課題であるが、撚糸文土器に先行する段階から、それ以降までが1遺跡内で層位・年代学的にも確認されている。近い時期の測定例は、ほかには上台Ⅰ遺跡で 9850 ± 50calBP という年代値が得られている（小林ほか 2005）。今後、当該期の年代測定を重ねていく必要があるが、西日本ではデータが少ないので、本遺跡の事例は、きわめて意義がある。

　また、カワニナの測定結果については、洞穴遺跡における自然遺物を検討するうえで、示唆的なデータを示している。炭化材や種子等の他の自然遺物の年代測定を含め、リザーバー効果などの課題を残すが、注意していくことが必要であろう。今後、自然遺物については、各時期における人間活動との関わりを詳細に検討していく必要があろう。

　本稿は、平成 19 年度科学研究費補助金（学術創成研究：弥生農耕の起源と東アジア）、平成 19 年度科学研究費補助金（若手研究スタートアップ：19800058 先史時代における貝塚出現期の年代学的研究）の成果である。

　文献
江坂輝彌・岡本健児・西田　栄 1967「愛媛県上黒岩岩陰」『日本の洞穴遺跡』
　　pp. 224-236　平凡社
遠部　慎 2006「北・東部九州における縄文時代草創期末～早期前半の諸様相―大分県九重町二日市洞穴の年代測定―」『九州縄文時代早期研究ノート』第 4 号
　　pp. 19-25
小林謙一・春成秀爾・今村峯雄・西本豊弘 2006「縄文時代草創期の炭素 14 年代測定」
　　『日本考古学協会第 72 回総会研究発表要旨』pp.69-72　日本考古学協会
小林謙一 2007「縄紋時代前半期の実年代」『国立歴史民俗博物館研究報告』137
　　pp. 89-133　国立歴史民俗博物館
国立歴史民俗博物館年代測定研究グループ 2007 投稿中「新潟県黒姫洞穴出土試料 14C 年代測定」
辻誠一郎 1997「縄文時代への移行期における陸上生態系」『第四紀研究』36-3
　　pp. 153-164　第四紀学会
S.Onbe,Y.Miyata,K.Kobayashi 2007　AMS 14C Dating for the First Half of Jomon period

in western Japan. :Carbonized material adhering to pottery, The 2nd East-Asia AMS Conference Abstracts, p. 23

フォーラム
縄文時代の成り立ち

司会（永嶋）：以上で報告のすべては終了致しました。続きまして討論に移りたいと思います。会場からの質問を、質問票として多数回収していますので、司会のほうでテーマごとにまとめて質問することにさせていただきます。

――縄文の成立期には縄文海進ということで海岸線が現在よりも深く入り込んでいる。阿部祥人氏が報告で使われていた資料などでは現在の海岸線が明示された地図に遺跡がプロットされている。そういうなかで縄文海進と縄文成立期の海岸線との関係をどう考えているのか。

橋本：橋本と申します。共同研究の環境の分野を担当しています。縄文時代の成立期の海岸線というと、今日もヤンガードリアス期の終わる頃から縄文時代だと話がありましたが、この頃の海岸線は今よりも後退していると思います。どのくらい後退していたかというのは、調査成果の記録があまりないのですが、よく縄文前期の海進は3メートル型、4メートル型といっていますけども、これも暖かいから海の水が増えて寒いから海の水が減って海岸線が前進する後退するというだけではないのです。陸の隆起沈降も関係しまして、地球規模でまったく同じかというとそういうことではないのです。だから正確にはまだわからないことが多い。目の前の海岸が浅い海岸であればものすごく影響がでるし、深い海岸であればあまり影響がない。海底が浅いところでちょっとでも寒くなれば、ものすごく退いてしまう海岸線がでるわけだし、また、隆起沈降が関係すると、逆の暖かいのだけれど海岸が後退している場合もあります。沖縄などもそういう場合があります。ですから大変難しい。成立期の頃はというと今よりは後退していたと推測されますが、この辺ははっきりわかりません。

―有茎尖頭器があることで生業主体が狩猟だったということが、今日の話で理解できたが、標高 400m という高地の立地にある上黒岩遺跡を居住地として理解するのか。また居住地とするならばそこで生活していく人の生業、何を食べどういう生活していたのかという実態はどういったものであったか。

姉崎：何を食べていたのかということについては、先ほど発表の中でご報告させていただいたとおりのことしか今の段階では申し上げることができません。捕獲した陸生哺乳類のありとあらゆる可食部を処理して食べていて、しかも皮や毛といったものをまた違うものに加工して使っていたことが想像されるだけで、残っていないのでわかりません。その件に関しておそらくそうしていただろうと思います。その環境の変化に応じて獲れるものを可能な限り利用していたと考えられます。

佐藤：共同研究者の佐藤と申します。私も姉崎さんとともに、動物遺体の分析を担当させていただいております。姉崎さんの今日のご発表のタイトルが「上黒岩遺跡の生業活動」となっておりましたので、おそらく、そのなかに植物の利用などが、まったく言及されなかったことに疑問を抱かれた向きもあろうかと存じます。実際、上黒岩遺跡からは、種子等の植物遺体がほとんど検出されなかったようです。でも、そのことをもって上黒岩遺跡人達が、植物質食料をほとんど利用しなかったと考えるのは早計でしょう。時代・場所こそ離れますが、滋賀県大津市の粟津湖底遺跡では、縄文中期初頭に比定しうる貝塚から動物骨のみならず、コナラ属やトチノミなどの植物遺体も大量に検出され、定量的な分析の結果、同貝塚の形成者達は、動物質食糧よりもむしろ植物質食料にカロリー供給を得ていたことが示唆されてもおります。こうした事例にもかんがみますと、ことさら狩猟を強調して上黒岩遺跡人達の生業活動を語ってよいのか否か、慎重に議論する必要を感じます。

―西アジアで例があげられた調理穴のような施設について、ヨーロッパでのあり方について、また、日本での土器が出現する以前の旧石器時代においての加熱処理というような遺構の事例について、小野先生になにかあればご紹

介頂きたい。

小野：まったくありません。全国で何千カ所も遺跡を掘っていますけど、土器がなくても加熱処理を示すような調理の施設あるいは穴はありません。これだけ掘ってもないので、なにか別のものが出てくるという可能性はないと考えた方がいいですね。私が申し上げたのは日本での土器の出現が非常に古いことです。ヨーロッパでは土器の出現は遅いが、機能的にそれに代わる類似したようなものがあるのではないか。しかし、どの程度普遍化できるかまだよくわかってない。あれも一つの解釈ですから。むしろわれわれがよく知っているのは、西秋さんが以前紹介された西アジアでの造り付け土器のはじまりです。これと今日発表された土器の起源とはリンクするのか、あるいはもっとそれより前にナトゥーフの段階で造り付けの土器のようなものがかなり普遍的にあるのかどうか。教えていただけたらと思います。

西秋：最初のご質問は土器を使わない調理の施設が、あるかどうかということでしょうか。それは今日私のスライドでもでてきましたけど、2万年以上前の遺跡で穀物をすりつぶしてパンを焼いた石を並べたオーブンが見つかっています。それから土器の出現については、西アジアの場合土器がでてくるのがすごく遅いのですね。紀元前7千年。それより前の時代で一番ポピュラーな調理施設というのは穴です。穴を掘って中に石をいっぱい詰めます。その上で何か焼いているのです。たぶん肉を焼いたのだと思います。西アジアにおいてはそういった遺構が多くあります。それから、造り付けの土器のような施設は、土器がでてくる直前くらいから作られ始めます。ナトゥーフィアンの段階にはありません。先土器新石器時代です。まず建物の壁に泥で施設を造って、それを貯蔵施設あるいはパン焼き窯にする。それらは発掘すると壊れて見つかりますから土器片そっくりです。そういったものは土器がでてくる前からあります。あるいは石膏だとか石灰を焼いて、それで容器を作る例も多々あります。だからいろんな形で容器をすでに作っている時代がまずあって、最後に土器が登場してくるというのが西アジアのパターンですね。

——日本の土器は現在世界で一番古いと考えられているが、なぜ日本でこのよ

うな古い土器が作られたのか。
小林：少なくとも現象面としては青森県の大平山元Ⅰ遺跡で見つかっている土器が、おそらく世界で一番古い土器として認識できるのではないかと、私は考えております。ただ、日本で最初に発生したのかという議論に関していうと、やはりこれからシベリアなり極東、東アジア全体のなかで探していき、多元的に発生している可能性を考えていく必要はあるだろうと思います。なぜ最古の土器が日本、または少なくとも日本を含む東アジアで作られたかということに関しましては、少なくとも、農耕とは関係ないところで発生したということがいえます。農耕はおこなわれていないけれども、生態環境の中で得られる植物質食料の利用体系の変化が介在していたと考えられます。たとえば、ドングリなどアク抜きが必要なものを、とくに土器を使って効率的にアク抜きをする技術が土器以前から何かしらあったのでしょう。先ほど日本ではそういう遺構はないという話でしたが、遺構としてはないけれども、なんらかの工夫でそういった加熱処理ということをやりはじめていたということ、それが土器という形に結実していくということだと思います。もう一つ漁撈関係の発達によって貝なり海産物を加熱処理していくことが、いわば複合的な要因として関係しているという可能性はあります。

——上黒岩を含めた縄文時代初期からの縄文農耕のあるなしを含めて、そのあたりをどうとらえるか。
春成：縄文農耕ということを議論するのだったら、今日議論しているところは年代がちょっと古すぎます。上黒岩の一番古いところで14500年前といったところで、縄文農耕といったら縄文の中期あたりからでしょうか。だいたい今から5千年ほど前の話ですから、少し時期が外れてしまいます。日本の場合はやはり土器の出現とか、弓矢の出現とか、磨製の石斧の出現といった新石器文化を構成するいくつかの重要な要素が、非常に早くでてくるということは確かでありますけれども、農耕に関しては、やっぱりでてくるのは新しいというのが現実だと思います。ですからやはり、地球が温暖化すると大型の動物が絶滅して、中型小型の動物がでてきます。大形の動物、日本です

とナウマンゾウであるとか、オオツノジカであるという、そういう大形の狩猟対象がいなくなる。そこで弓矢がでてきたという説明をしていましたが、この上黒岩遺跡では、先ほど姉崎さんの方から報告がありましたように、イノシシ、シカ、カモシカといった、きわめて縄文的な動物相であるというか、狩猟対象にすでに約 14500 年前に到達しているということが、はっきりいえるのではないかと思います。ですから土器に関しても、少し余計なこと申しますと、上黒岩の土器を整理したところでは、5 個体くらい、あるいは十数個体といったところでしょう。それに対して、有茎尖頭器は全国的にみても一番たくさんでています。ですから、大量の有茎尖頭器がでている割には、土器の数は非常に少ないといえます。それは、この時期の共通する特徴で、最古の土器というのは、ひとつの遺跡から出てくる個体数が非常に少ない。ですから、絶えず土器を使って煮炊きしてものを食べていたと、そういうものじゃないですね。日本列島だけでなく北アジアのアムール川の流域あたりでも出現期では、土器を使う用途というのは、非常に限られていたと思います。煮沸した痕跡は確かにあります。下部は焼けこげていますから、確実に煮沸用の土器としてあらわれていますけども、煮沸する対象というのは非常に限られているというのが実際だと思います。ですから一体何を煮たのか、それが次の問題だと思います。

　フォーラムのまとめ

小林：縄文時代の始まりという題名で、今回のフォーラムを企画させていただきました。そもそも今回のフォーラムをおこなう契機は、上黒岩遺跡の遺物について歴博を中心として慶應義塾大学、それから久万高原町にも協力いただきまして、出土遺物を中心に再整理をおこなっていますが、そのなかで多くの新しい事実がわかってまいりました。最終的には、平成 20 年度を目処に、『国立歴史民俗博物館研究報告』の一環として上黒岩遺跡の調査成果報告書のかたちにして出版したいと思っております。そういう意味でいいますと、今回はその中間報告としていくつかご報告させていただいたのですけれど、大きな成果が多数でてきたと思います。もちろん未解決の問題点も残っ

ています。

　たとえば、ここで提示してきた縄文時代草創期隆線文土器文化について、時代的位置づけを旧石器とするのか新石器とするのか、または中石器というように位置づけるのかどうか。これは日本の考古学の中でも以前からいろいろ議論されてきたところではありますけれども、現時点においてすぐさま答えがでるという問題ではありません。というのは、最終的には日本列島の時代区分論というのは、ヨーロッパや西アジアと必ずしもマッチするものではないからです。独自の文化変化を遂げているという理解に、落ち着くのだろうと思うのですけれど、その独自性があるならそれをどのように解釈していくか。先ほどの質問にもありましたように、なぜ土器が東アジアで早くからでてくるのか。また何が生活変化の基となっていくのか。環境変化や寒冷化・温暖化とどうリンクしていくか。私が今回報告させてもらった一つの見解としては、縄文草創期前半、上黒岩でいえば9層段階というのは、列島全体をみると一度大きく盛り上がった時期だと思います。

　すなわち、隆線文土器段階は、広くほぼ列島全域にわたって生活体系が定住化に向かって進展していく時期だと思うのですが、そのあと草創期後半の爪形文土器段階以降に遺跡数が減少するなど、再び後退するような状況があります。上黒岩遺跡では6層くらいがその段階です。ヤンガードリアス期とよばれるのですが、再び寒冷期に向かっている段階にあたるのでしょう。そういった縄文時代の破行性といいますか、一概に進化というか拡大の方向へ向かってきたというわけではなくて、縄文時代の最初の頃に一回大きく盛り上がってまたちょっと揺れ戻しがあるような、そういったさまざまな生態的・文化的な状況を、これからも整理していく必要があると思っております。

　そういう意味でいいますと、土器だけではない、石器、それから動物骨をはじめとした生業形態の復元というのが、どうリンクされてくるか。また、それを世界史的な視野で、西アジアやヨーロッパ、それから中国なり、大陸との関係を含めてとらえ直していく、ということが大事だと思っています。たとえば、今日の岡崎先生の人骨の話でも、縄文人が中国大陸とはあまり対応しないという話も、非常に示唆的で興味深いもので、これからまだまだ研

究の進展が期待できるなと、感じております。
　実は、平成 21 年度に縄文時代草創期を中心とした企画展を、私どもで立案させていただいております。その際には、縄文時代のはじまりについて、上黒岩遺跡を含め日本の代表的な遺跡を一堂に比較検討できる場をつくり、みなさまと一緒に考えていけるような企画展示をつくっていきたいと思っておりますので、またひとつよろしくお願いいたします。そういった抱負を述べさせていただくことで、閉会の挨拶にさせていただきます。では本日は本当にありがとうございました。

あとがき

　フォーラムに参加したひとの多くは、上黒岩遺跡の研究について、国立歴史民俗博物館個別共同研究としておこなう以前から、さまざまな形でかかわってきた。

　学生として上黒岩遺跡の調査に参加された阿部祥人氏は、今は旧石器時代研究の大家として学会をまとめていく立場にあるが、現在も東北各地で旧石器人骨を求め、洞穴・岩陰遺跡の調査をおこなっている。このフォーラムでも広い視野から洞窟・岩陰遺跡の調査の意義を紹介していただいた。

　調査には直接参加していなくとも、上黒岩遺跡出土遺物に魅せられてきた研究者も多い。春成秀爾氏は国立歴史民俗博物館開館当初からのスタッフであるが、文化庁より移管替えされた線刻礫に対して尽きぬ興味を抱いてきた。石偶とした線刻礫の線刻の意味を探求し、フォーラムでもその考えを述べたが、その後の検討により、さらにその考えは変貌を遂げている。

　綿貫俊一氏は江坂輝彌氏に頼み込み、石器を少しずつ借用しては、発掘調査を終えたあと徹夜で実測をしてきた。それぞれ異なる時期の土器を研究してきた兵頭勲氏、遠部慎氏、山崎真治らも江坂研究室へ何度も出入りしていた。

　私も慶應義塾大学の学生だったころより、江坂研究室の五領ケ台貝塚や加茂遺跡の遺物を資料化させていただいていたが、湘南藤沢キャンパス内遺跡で縄文草創期にめぐりあったことから、上黒岩遺跡の隆線文土器の整理もさせていただき、『利根川』に江坂輝彌氏と連名で報告をさせていただいた。

　このようなメンバーが集まり、バラバラにおこなっていた上黒岩遺跡の再整理をまとめ、報告書をつくろうと思い立ったのが共同研究の始まりである。動物遺存体について西本豊弘氏、佐藤孝雄氏、姉崎智子氏、人骨について中橋孝博氏、岡崎健治氏、さらに赤色顔料などの分析に永嶋正春氏、レプリカ

法圧痕の権威である丑野毅氏らの参加を得て、研究を進めてきた。

　歴博共同研究は、「愛媛県上黒岩遺跡の研究」（2004～2006年、代表春成秀爾）、さらに「東アジア先史時代の定住化過程の研究」（2007～2009年、代表小林謙一）へと引き継がれ、縄文時代の成り立ちの解明へと進みつつある。

　今回、第58回「歴博フォーラム」をおこなうにあたっては、一遺跡の研究に留まることのないよう、広く比較検討の視座を得るために小野昭氏、西秋良宏氏にとくにお願いし、ヨーロッパ、西アジアにおける旧石器から新石器への移行を論じていただいた。その大きな成果は本書にみるとおりであり、上黒岩遺跡に対して改めて、遺物・遺跡のさまざまな面からその重要性を確認し、縄文時代草創期前半段階の新たな歴史的位置づけを得る手がかりとなったばかりか、縄文時代そのものへ対する見直しの契機となったと考える。ここに3年間の共同研究の成果を示すことができたのは、大きな喜びであり、同時に研究報告の刊行を目指してさらに研究を進めていきたいと考える次第である。

　最後に、フォーラム当日のプログラムを示しておきたい。

開会の挨拶　　　　　　　　　　　　　平川　南（国立歴史民俗博物館　館長）
「中部ヨーロッパにおける旧石器時代から中石器時代への移行」
　　　　　　　　　　　　　　　　　　　　　　小野　昭（首都大学東京）
「縄文開始期と同じ頃の西アジアー旧石器時代から新石器時代への移行－」
　　　　　　　　　　　　　　　　　　西秋良宏（東京大学総合研究博物館）
「上黒岩ヴィーナスと世界のヴィーナス」　春成秀爾（国立歴史民俗博物館）
「岩陰・洞窟遺跡調査の意義」　　　　　　　阿部祥人（慶應義塾大学）
「隆線文土器からみた縄文文化のはじまり」　小林謙一（国立歴史民俗博物館）
「押型文土器にみる縄文文化成立期の様相」
　　　　　　　　　　　　　　　兵頭　勲（愛媛県埋蔵文化財センター）
「有茎尖頭器にみる縄文草創期の世界」
　　　　　　　　　　　　　　綿貫俊一（大分県庁埋蔵文化財センター）

「上黒岩遺跡における生業活動」	姉崎智子（群馬県立自然史博物館）
「上黒岩遺跡の縄文早期人骨」	
	岡崎健治（九州大学大学院）・中橋孝博（九州大学大学院）
	＊当日の発表は岡崎
総合司会	永嶋正春（国立歴史民俗博物館）
	＊所属は 2007 年 1 月フォーラム開催時

　当日の発表者、参加者および開催に尽力いただいた国立歴史民俗博物館関係者、共同研究を進めるにあたって協力をいただいている皆様に深く感謝の意を表します。また、本書を刊行するにあたり尽力いただいた六一書房八木環一、吉田哲夫、平電子印刷所、写真資料等を提供いただいた丑野毅、江坂輝彌、竹口渉、慶應義塾大学民族学考古学研究室、久万高原町教育委員会、愛媛県立歴史文化博物館、テープ起こしを担当してくださった鈴木健太・根兵皇平・平原信崇、編集作業をおこなってくださった小林尚子の各氏に感謝します。

　　　2008 年 1 月

　　　　　　　　　　　　　　　　　　　　　　　　　　　　小林謙一

報告者・司会者紹介

小野　昭　（おの　あきら）
　首都大学東京大学院人文科学研究科教授
　単著　『打製骨器論―旧石器時代の探求―』東京大学出版会　2001 年
　編著　『真人原遺跡 III』東京都立大学考古学報告 7　2002 年
　　　　『文化遺産の保護システムと修復整備に関する比較研究』平成 13 年
　　　　　度東京都立大学総長特別研究費研究成果報告書　2002 年
　共著　『第四紀学』朝倉書店　2003 年

西秋良宏　（にしあき　よしひろ）
　東京大学総合研究博物館教授
　単著　Lithic Technology of Neolithic Syria　Archeopress　2000
　編著　Tell Kosak Shamali, Vol. 1　Oxbow Books　2001
　　　　Tell Kosak Shamali, Vol. 2　Oxbow Books　2003

阿部祥人（あべよしと）
　慶應義塾大学文学部教授
　共著　『お仲間林の研究―1992 年の調査―』慶應義塾大学　1995 年
　　　　『自然環境の生い立ち―第四紀と現在―』朝倉書店　2002 年
　論文　「日本最古の石器文化を求めて」『争点日本の歴史 1』新人物往来社
　　　　　1990 年
　　　　「人と頁岩―二つの遺跡の検討から―」『時空をこえた対話―三田の
　　　　　考古学―』慶應義塾大学民族学考古学専攻設立 25 周年記念論文
　　　　　集 2004 年　六一書房

兵頭　勲（ひょうどう　いさお）
　（財）愛媛県埋蔵文化財調査センター調査員
　論文　「愛媛県における押型文土器」『愛媛県歴史文化博物館研究紀要』5

　　　　　号　2000 年

　　　「四国島の押型文土器」『利根川』24・25 合併号　2003 年

　　　「北四国地域における早期土器研究の現状と課題」『早期研究の現状と課題―前葉を中心に』第 17 回中四国縄文研究会　2006 年

綿貫俊一（わたぬき　しゅんいち）

　大分県教育庁埋蔵文化財センター副主幹

　　論文　「細石刃文化と細石刃文化の間に位置する長者久保・神子柴文化並行期」『九州の細旧石器文化Ⅲ』九州細石器文化研究会　2000 年

　　　　「石材・姫島産黒曜石の終焉」『石器原産地研究会会誌　Stone Sources』No. 3　2003 年

　　　　「大分県地域の縄文時代石斧」『石器原産地研究会会誌　Stone Sources』No. 5　2005 年

姉崎智子（あねざき　ともこ）

　群馬県立自然史博物館学芸員

　　論文　Pig Exploitation in the Southern Kanto Region, Japan *International Journal of Osteoarchaeology*　2006

　　　　Hunting or management?: Status of pigs in the Jomon Period, Japan. In *Pigs and Humans* (Albarella, U., Dobney, K., Ervynck, A. and Rowley-Conwy, P. eds.). Oxford University Press, New York. (Hongo, H., Anezaki, T., Yamazaki, K., Takahashi, O., Sugawara, H.) 2007

　　　　A morphometric analysis of the Japanese macaque (*Macaca fuscata*) mandibles from the Torihama Shell-midden, Early Jomon Period, Fukui Prefecture, Japan. *Primates* (Anezaki, T., Hongo, H., Shigehara, N.) 2006

　　　　「「江戸－東京」の家畜利用」『考古学リーダー３：近現代考古学の射程－今なぜ近現代を語るのか－』　2005 年　六一書房

中橋孝博（なかはし　たかひろ）
　九州大学比較社会文化研究院教授
　単著　『日本人の起源』講談社　2005 年

岡崎健治　（おかざき　けんじ）
　日本学術振興会・海外特別研究員　［中国吉林大学辺境考古研究　研究中心人類学実験室・PD 研究員］
　論文　「冠サイズに基づく未成人骨の性判定 - 性差の集団間変異の検討と出土人骨への応用 -」『Anthropological Science (Japanese Series)』2005 年
　　　A morphological on the growth patterns of ancient people in the northern Kyushu-Yamaguchi region, Japan, *Anthropological Science* 2004

春成秀爾　（はるなり　ひでじ）
　国立歴史民俗博物館研究部教授
　単著　『縄文社会論究』塙書房　2002 年
　　　　『考古学はどう検証したか』学生社　2006 年
　論文　「弥生時代の年代問題」『弥生時代の新時代』雄山閣　2006 年

小林謙一　（こばやし　けんいち）
　国立歴史民俗博物館研究部助教
　単著　『縄紋社会研究の新視点―炭素 14 年代測定の利用―』六一書房　2004 年
　論文　「縄紋時代前半期の実年代」『国立歴史民俗博物館研究報告』第 137 集　国立歴史民俗博物館　2007 年

永嶋正春　(ながしま　まさはる)

　　国立歴史民俗博物館研究部准教授

　　論文　「漆から見た縄文・弥生時代」『考古学ジャーナル』401号　1996年

　　　　　「縄文時代中期土器の漆塗りについて」『粟島台遺跡―銚子市粟島台遺跡1973・75の発掘調査報告書―』千葉県銚子市教育委員会　2000年

討論発言者・コラム執筆者

橋本真紀夫（はしもとまきお）

　　パリノサーヴェイ株式会社　調査研究部長

佐藤孝雄（さとうたかお）

　　慶應義塾大学民族学考古学研究室　准教授

遠部　慎（おんべしん）

　　国立歴史民俗博物館　科研費支援技術補佐員

矢作健二（やはぎけんじ）

　　パリノサーヴェイ株式会社　調査研究部主査

（所属は2008年3月現在）

歴博フォーラム
縄文時代のはじまり ― 愛媛県上黒岩遺跡の研究成果 ―

2008年3月25日　初版発行

編　　者　小　林　謙　一・国立歴史民俗博物館
発 行 者　八　木　環　一
発 行 所　株式会社　六一書房　　http://www.book61.co.jp
　　　　　〒101-0051　東京都千代田区神田神保町2－2－22
　　　　　電話 03-5213-6161　FAX 03-5213-6160　振替 00160-7-35346
印刷・製本　有限会社　平電子印刷所

ISBN978-4-947743-56-5 C3021　　Ⓒ小林謙一・国立歴史民俗博物館 2008
　　　　　　　　　　　　　　　　　　　　　　　Printed in Japan

考古学リーダー6

縄文研究の新地平
～勝坂から曽利へ～

小林　謙一　監修　　セツルメント研究会　編

A5判　161頁　本体2,500円＋税

2004年度縄文集落研究の新地平3　シンポジウムの記録

――目　　次――

例　言
　縄文集落研究の新地平をめざして　　　　　　　　　　　　　　小林　謙一

討論の記録

補　論
　1　東京東部（武蔵野）地域の様相　　　　　　　　　　　　　宇佐美哲也
　2　千曲川流域における中葉～後葉移行期の土器群　　　　　　寺内　隆夫
　3　静岡県における9c期～10a期の様相　　　　　　　　　　　小崎　　晋
　4　関東西部における竪穴住居形態の変化　　　　　　　　　　村本　周三

コメント
　1　中信地域における検討事例と課題―地域研究の現場から―　百瀬　忠幸
　2　竪穴住居設計仕様の視点から　　　　　　　　　　　　　　長谷川　豊
　3　笹ノ沢(3)遺跡の集落景観　　　　　　　　　　　　　　　　中村　哲也

シンポジウムのまとめと展望　　　　　　　　　　　　　　　　　小林　謙一

―― 推薦します ――

縄文集落研究グループに集う研究者たちが、これまで行ってきたシンポジウムは縄文集落研究のうえで特筆される。とくに、そこで提示された「新地平編年」と呼ばれる中期土器型式編年は詳細なものとして知られ、この時期を研究する者にとって不可欠なものとなっている。また、かれらは縄文集落研究のこれまでの枠組みを打ち破る斬新な考え方や方法論をしばしば提示してきた。本書はそうした研究の積み重ねを踏まえて行われたシンポジウムの討議内容を詳細にまとめたものである。本書に示された土器型式編年研究の成果を通じて、縄文集落研究が文字通り、さらなる新地平へと飛躍できることが期待されよう。ぜひ一読を薦めたい。

昭和女子大学人間文化学部教授　山本　暉久

Archaeological L & Reader Vol.6

六一書房

考古学リーダー 11
野川流域の旧石器時代

「野川流域の旧石器時代」フォーラム記録集刊行委員会　監修
（調布市教育委員会・三鷹市教育委員会・明治大学校地内遺跡調査団）
明治大学校地内遺跡調査団　編

A5判／172頁／本体2800円＋税

現在の東京都調布市に位置する野川流域の人びとの暮らしは後期旧石器時代にはじまった。多くの遺跡が密集する野川流域は、日本の旧石器時代研究、ローム層研究の出発点でもある。「月見野・野川以後」と称される研究史上の一大画期となった野川遺跡を扱う本書は、旧石器研究の新たな一歩を踏み出すきっかけとなる。

──目　次──

第1部　講演会記録
「旧石器時代の研究 ―野川から日本、そして世界へ―」
「月見野・野川」の画期と日本列島の旧石器時代研究　　　　鈴木次郎
旧石器時代の日本列島と東アジア　　　　　　　　　　　　　安蒜政雄
〈コメント〉　　　　　　　　　　　　　　　　　　　　　　　小田静夫

第2部　公開シンポジウム基調報告
1．野川流域の旧石器時代遺跡 ―最近の立川面における調査から―
　下原・富士見町遺跡における石器群と遺跡の変遷　　　　　藤田健一
　調布市野水遺跡第1地点の調査　　　　　　　　　　　　　小池　聡
2．野川・多摩川中流域の地形・古環境
　多摩川水系発達史異説 ―武蔵野変動仮説・古東京湖仮説から―　　上杉　陽
　多摩川の流路変遷と野川・多摩川間の地形の変遷　　　　　久保純子
　下原・富士見町遺跡の立川礫層　　　　　　　　　　　　　中井　均
3．旧石器人の生活空間 ―遺跡分布から分かること―
　野川流域の旧石器時代遺跡の分布と変遷　　　　　　　　　下原裕司
　立川面の旧石器時代遺跡 ―その分布と古地形―　　　　　　中山真治
　武蔵野台地北部の旧石器時代遺跡　　　　　　　　　　　　加藤秀之

第3部　公開シンポジウム総合討論記録
「野川流域の旧石器時代 ―地形・環境の変遷と人びとの生活―」

―― 推薦します ――
野川流域は、列島で最も細緻でかつ今日も基軸となり続けている「武蔵野編年」を構築したフィールドとして、常に日本の旧石器時代研究を牽引してきた。その野川の地で、Geoarchaeologyという斬新で今日的な研究戦略を導入した明治大学校地内遺跡の調査を契機として、なぜ旧石器時代人が生活拠点として野川に参集し活動したかという根元的な問いに答えようと試みている。革新された旧石器研究の知的営為に関心をもつ多くの読者に、本書を推薦したい。

東京大学大学院教授　佐藤宏之

Archaeological L & Reader Vol. 11

六一書房

考古学リーダー 12
関東の後期古墳群

佐々木憲一 編

A5判／229頁／本体3,000円＋税

　関東各地における後期・終末期古墳群のあり方を集成し、その独自性、個性ゆたかな地域性に注目しながら、当時の関東地方における地域社会の自立性を再評価するとともに、その意義を検討する。また、地域首長間交流もあきらかにしながら、根強く残るヤマト王権による一律・一元的な全国支配という考え方に一石を投じる意欲的なシンポジウムの記録集。シンポジウム開催後、非公開で行われた討論会の模様も再録し、これらの検討を通して、関東の古墳時代後期における国家形成過程を理論的に検討し、枠組みをあたえる試みを提示した必見の1冊。

―― 目　次 ――

はじめに　　　　　　　　　　　　　　　　　　　　　佐々木憲一
例言
第Ⅰ部　基調講演
　古墳群の分析視覚〜群集墳を中心に　　　　　　　　和田晴吾
　関東の後・終末期古墳群の特性　　　　　　　　　　白井久美子
第Ⅱ部　各地からの報告
　下野における後期・終末期古墳の地域設定と動向　　草野潤平
　上野地域における群集墳構造の推移　　　　　　　　深澤敦仁
　北武蔵における後期古墳の動向　　　　　　　　　　太田博之
　多摩川流域および周辺における後・終末期古墳群の特性と地域構造　松崎元樹
　下総地域における後期群集墳　　　　　　　　　　　萩原恭一
　上総における古墳群構成の変化と群集墳　　　　　　小沢洋
第Ⅲ部　シンポジウム　関東における後期・終末期古墳群の諸相
　7世紀東国を考える一視点　　　　　　　　　　　　川尻秋生
　パネルディスカッション　第Ⅰ部
　パネルディスカッション　第Ⅱ部
　国家形成期における関東―まとめにかえて　　　　　佐々木憲一
おわりに　　　　　　　　　　　　　　　　　　　　　吉村武彦

―― 推薦します ――

　古墳時代の研究は、地域に根ざした事例分析から多くの成果をあげてきた。本書には、古墳時代後期・終末期の関東の古墳群にかんする最新の考察や討論の記録が収められていて、この地域の古墳時代の特性と多様性を臨場感豊かに知ることができる。加えて、古墳群分析の方法論、文献史からのアプローチ、国家形成論の比較などを扱った論考も盛られており、日本列島そして世界まで視野に入れた内容となっている。
　古墳だけで国家形成を論じることに無理があるというのは、そのとおりである。しかし、この複雑で多様な古墳のあり方を説明できない国家形成論なら、考古学にとってはいささか魅力を欠いたものになるかもしれない。
　たかが古墳、されど古墳。列島の東西南北の違いに留意した複眼的な古墳時代研究の視点を養うためにも本書から学ぶことは多い。

大阪大学大学院文学研究科教授　福永伸哉

Archaeological L & Reader Vol. 12

六一書房